02-24-2

W9-CXN-333

Dedicado para
LA. FAMILIA
BARRIentos
Rodarte.
que Dios
Los Quie.
por el camino
CORECTO
AMEN

LA
PLEGARIA
DE UNA
MADRE

un viaje hacia la luz

Grupo Editorial Lumen

Buenos Aires - México

La plegaria de una Madre. - 1a ed. - Buenos Aires : Lumen, 2005.
384 p. ; 20x13 cm.

ISBN 987-00-0527-6

1. Espiritualidad. 2. Vida cristiana. I. Título
CDD 248

*Diseño de portada, diseño del libro
e ilustraciones fotográficas de los capítulos 1, 5, 8 y 27 por*
Chris Deschaine
www.braintrustdesign.com

Retrato de Mary Stachowicz por
Laura Stone
art_indigo@yahoo.com

Fotografía de portada y fotografía del capítulo 4 por
Dimitre
www.dimitre.com

*La edición y traducción de la obra estuvo
a cargo de Leticia Galvez Martínez
y Miguel Arias Gutiérrez*

Nihil obstat
✝ J. Basil Meeking, S.T.D.
Censor Delegado
7 de julio 2004

Imprimatur
✝ Edwin M. Conway, D.D.
Vicario general
Arquidiócesis de Chicago
8 de julio de 2004

Las reflexiones que constituyen *La plegaria de una Madre*, son más que una historia personal; es la llama que arde y hace vibrar a una de las parroquias de Chicago, en la que un sacerdote, a base de esfuerzos y luchas cotidianas, intenta cumplir con lo que el sacerdocio exige de él en una gran ciudad moderna. El Padre Buś, CR, profundamente consciente de la situación de pecado e incredulidad que implacablemente van distorsionando la vida del ser humano —en la que también se ve afectado—, en ocasiones se llega a desesperar ante la hostil indiferencia por los asuntos de la Iglesia, tan común en nuestros días. Sin embargo, su estrecha relación con la santísima Virgen María y su encuentro personal con la Divina Misericordia, le han permitido consagrarse plenamente como sacerdote y abandonarse confiadamente a la misericordia de Dios. Este libro alegrará los corazones de los fieles católicos y, especialmente, tocará lo más profundo de los corazones sacerdotales, y de todos aquellos que se preparan para el sacerdocio.

Francis Cardenal George, OMI
Arzobispo de Chicago

¡*La plegaria de una Madre* es un libro que todos deberíamos de tener en nuestra "librería espiritual!" En ésta época en que la humanidad vive enfrentándose a graves peligros espirituales, y que el sacerdocio ha sido manchado por el escándalo y atacado por la prensa secular, el padre Anthony Buś, en esta obra inspiradora, pone de manifiesto la belleza y el poder del amor de Dios en su sacerdocio. Su propio camino, plagado de pruebas y triunfos, es una historia sumamente conmovedora que transformará para siempre el corazón de los lectores.

Esta poderosa obra refleja la belleza del abandono en Dios, la intercesión de la santísima Virgen María y el poder de la confianza en la Divina Misericordia.

A mí me inspiró, y en ustedes también agitará el deseo de buscar mayor santidad. Para los sacerdotes es una "lectura indispensable" y para todos aquellos que busquen encontrar un mayor sentido a su vida y una relación más íntima con Dios.

Drew Mariani
Periodista premiada y anfitriona de National Public Radio

Desde el punto de vista de un no-católico, este libro es una bendición, y debería estar disponible en todos los hoteles y moteles, de igual manera que la Biblia Gideon.

Connie Melvin-Culver
Ministerios Metodistas Culver
The Villages, Florida

Excepcional y por demás apremiante, la mirada al alma del sacerdote católico autor de este diario tan a tiempo y por encima de los tiempos, encenderá la chispa de la antigua y siempre nueva esperanza de buscar la unión con Dios.

Ante un mundo que al inicio del tercer milenio cuenta con la más alta tecnología, vive el espejismo de la amenaza terrorista internacional y doméstica, y los tropiezos de una Iglesia que busca credibilidad a la luz de incontables escándalos. El padre Anthony Buś, al compartir su propio e intenso camino, teje valientemente los cordones que nos reconectan con el profundo significado y propósito de la vida misma.

Esta provocativa historia de un sacerdote citadino de Chicago conmoverá lo más hondo de los corazones de cristianos y no cristianos por igual, reconociendo el permanente misterio de la presencia oculta y vibrante que sostiene y transforma a la persona humana, que frecuentemente se ve confrontada con fuerzas que minan la dignidad y nobleza de la vida humana.

Padre S. Seraphim Michalenko, MIC
Rector emérito del santuario nacional de la Divina Misericordia y Vice-postulador emérito para la causa de canonización de Santa Faustina

El intenso camino personal hacia la santidad y la obediencia a un llamado resulta muy inspirador por la constante fidelidad a la misericordia de Dios. El testimonio que nos brinda esta historia, confrontada con pruebas espirituales y triunfos fugaces en medio de una oración incesante, es una lección de esperanza. Nos muestra a detalle cómo la fe y el abandono confiado sostienen la esperanza de ver lo que aún no se ve. Por eso este libro no tienen final... aún. La continuación haría estallar la tierra.

Sheila Gribben Liaugminas
Ex reportera de la revista Time
Ganadora del premio Emmy, coanfitriona de TV-NBC

La plegaria de una Madre es un llamado que nos pide actuar con heroísmo frente a la maldad, a ser íntegros frente a los engaños y a tener confianza frente a la vulnerabilidad. Si tienes el valor de empuñar la espada de la misericordia, adentrarte en la batalla allende a la humanidad, y doblar las rodi-

llas implorando la salvación del mundo... entonces este libro
es para ti.

Margaret B. Poole

Maestra, escuela secundaria pública de Chicago

La plegaria de una Madre constituye un diario inspirador que
relata la vida de un sacerdote en una parroquia contemporá-
nea, debatiéndose entre agonías y éxtasis comunes a las parroquias de nuestros días. Cimentada sobre los pilares de la
adoración eucarística, el rol de nuestra Señora como mediadora de todas las gracias, y una profunda humildad sacerdotal en pos de la santidad, esta obra viene a ser un llamado a
que los corazones se dilaten y descubran los designios que
Dios tiene para todas y cada una de las parroquias católicas:
que sean santuarios de la Divina Misericordia mediante la
intercesión de nuestra Señora, mediadora de la misericordia.

Dr. Mark I. Miravalle, S.T.D.

Presidente internacional

Vox Populi Mariae Mediatrici

Profesor de Teología y Mariología

Universidad Franciscana de Steubenville, Steubenville, Ohio

LA
PLEGARIA
DE UNA
MADRE

un viaje hacia la luz

La plegaria de una Madre está dedicada a todos aquellos que, mediante la reflexión de este diario, tengan el valor de introducirse en este drama de cómo Dios va desplegando sus fabulosos designios para su pueblo. También quiero expresar mi reconocimiento y agradecimiento a todas aquellas personas que se mantuvieron pacientemente a mi lado en esta travesía y que continúan caminando conmigo en fe.

A mi familia, mi hogar y la tierra que dejé hace tantos años para seguir el llamado: les reitero mi gran amor y mi continua oración.

Finalmente, a la santísima Virgen María quien, verdaderamente, no está congelada en las páginas de las Sagradas Escrituras, sino siempre activa en el mundo de hoy; te agradezco tu *sí* a Dios para que seamos salvados y para que Jesús sea conocido, amado y servido.

ÍNDICE

30 de mayo de 2004

Cuando comencé a escribir *La plegaria de una Madre,* no era mi intención escribir un libro, y tampoco imaginé que compartiría mi búsqueda personal de unión con Dios. Las reflexiones se disecaron en papel como simple respuesta a la petición que me hicieron los funcionarios de la Arquidiócesis de justificar el deseo de construir un santuario en los terrenos de la parroquia.

Ahora me doy cuenta de lo absurdo que debió parecerles mi idea de construir un santuario, puesto que apenas llevaba un poco más de cuatro años como pastor de una parroquia pobre que con trabajos reunía fondos para solventar sus necesidades mes con mes; además, se necesitaba reparar la iglesia y la escuela parroquial que seguramente necesitarían una inversión de millones de dólares. Sin embargo, en mi interior había una voz en la que confiaba; una voz que me invitaba a que se abrieran las puertas del santuario; una voz que también me pedía entregarme absoluta y confiadamente a Jesucristo.

No estaba muy seguro de cómo debía interpretar ese llamado, pero en el momento en que me senté a escribir, sentí como si se me infundiera la gracia en el fondo del corazón de tener un único propósito; ser absoluta e inconfundiblemente fiel al Espíritu que se movía en mi alma. Tuve la sensación de que si bien mi discernimiento podría parecer sospechoso, en realidad esto carecía de importancia, pues el mensaje no era sólo para mi transformación personal sino para que otros fueran guiados en su propio camino hacia la luz de aquella presencia, a menudo imperceptible, pero siempre permanente de Dios.

Recapacitando un poco, estoy totalmente admirado de la tranquilidad con la que transmití las palabras que nuestra Señora, hace casi cinco años, me dirigió pidiéndome que le ofreciera la parroquia nombrándola Madre y Reina de la misma; digo que me admira porque en circunstancias normales, de haber tenido una experiencia como esa y por temor al ridículo y el rechazo, no habría dicho una sola palabra a nadie. En el ambiente en el que se mueve el mundo moderno, a este tipo de experiencias y argumentos se les mira con escepticismo casi escrupuloso y yo, como cualquier otro ser humano, también deseo ser aceptado.

Asimismo estoy admirado de la gran facilidad con la que me refiero a Satanás —la batalla espiritual en mi vida— y a la batalla que tienen que librar todos aquellos sectores de la sociedad que toman muy en serio la fidelidad a Dios. Durante los años de mi formación sacerdotal, el tema del diablo y sus adversarios, y la constante batalla contra Dios y sus discípulos, fue un tema que se trató muy ligeramente, y si en alguna ocasión surgía el tema, parecía hasta causar vergüenza, como si se tratara de una especie de broma teológica en desuso o una demonología aferrándose aún al casco de la Iglesia.

Por mucho que se diga y haga al respecto, sabemos que finalmente la especulación teológica popular y la investigación se rinden ante el magisterio eclesiástico sagrado; es decir, la autoridad doctrinal cuya misión es preservar los dogmas y doctrinas de la fe cristiana, el cual goza del carisma de la protección divina de aquellos profesores que, por el prurito de oír novedades, conducen a los creyentes a fantasías de fábula sin importar lo sofisticado que puedan resultar tales caprichos. El hecho de que la santísima Virgen María es partícipe en la economía de salvación de su Hijo, y que el demonio les declara la guerra al resto de sus hijos, son verdades que forman parte de los dogmas y doctrinas de la fe católica.

Nuestra Señora muestra una gran preocupación por la salvación y santificación de la humanidad y su solícita inquietud se va tejiendo a lo largo de las reflexiones personales que constituyen este diario. Si bien es cierto que la historia se va desplegando con intrigantes subidas, bajadas, avances y retrocesos, y que también se entremezcla con algunos temas complementarios ya repetidos, el diario sigue siendo la suma de capítulos no meditados de antemano, que tampoco fueron escritos para dar continuación a capítulos precedentes. Los movimientos del Espíritu me obligaban a escribir sin descanso hasta que las ideas arremolinadas en mi mente eran puestas en papel; cualquier obstáculo que se alzaba a la fluidez natural de las palabras, era derribado cuando dejaba de verme a mí mismo y posaba los ojos en la santísima Madre de Dios; a través de su corazón, se escuchaban sus pensamientos, lo que en verdad, es lo que constituye la historia de *La plegaria de una Madre*.

Si la santísima Virgen María puede mostrarse especialmente interesada por un *Anawim*, esto es, por el pequeño rebaño de simples creyentes, no hay razón para pensar que el resto no pueda abarcar al mundo entero. Espero que mis lectores lean este diario en un espíritu reflexivo y orante para que, a su vez, puedan reconocer las mociones e inspiraciones del Espíritu de Dios actuando en su alma; o quizás para que lleguen a descubrir y aceptar la invitación que les hace el

Dios de la gracia a embarcarse en una maravillosa aventura, porque Él jamás deja de actuar en las vidas de aquellos que forman su pueblo. Esto es, ciertamente, lo que más anhela y por lo que vivamente suspira una madre que sufre.

El ejemplo que nos legó María cuando hace dos mil años caminó sobre la tierra, nos ha demostrado lo peligroso que puede resultar subestimar el poder sagrado que fluye de un pueblo cuyas vidas han sido confiadas a los misteriosos designios y acciones de Dios en el mundo. Es precisamente esta fe vivida lo que forma el entramado que silba el murmullo a lo largo de la historia, nosotros somos el fruto de esa experiencia de fe y luego esa misma semilla ha de germinar en nuestras almas y asegurar que nuestros hijos puedan tener paz interior. Sin Dios no puede haber verdadera paz. Ambos son sinónimos.

Oración de Resurrección

Por P. Frank Grzechowiak, CR

¡Oh Señor resucitado, el camino,
la verdad y la vida!

Concédenos ser fieles seguidores
del tu espíritu de resurrección.

Concédenos una renovación interior ,
muriendo para nosotros mismos,
en orden a que tú puedas vivir en nosotros.

Que nuestra vida sea signo
del poder transformante de tu amor.

Tómanos como a tus instrumentos
para que contigo renovemos la sociedad,
que a todos tu amor y vida demos,
y a tu Iglesia los guiemos.

Esto te pedimos, Señor Jesús,
a ti que vives y reinas con el Padre,
en la unidad del Espíritu Santo, Dios eterno.

Amén.

SALMO 107

¡Den gracias al Señor porque él es bueno,
porque es eterna su misericordia!

Que lo digan los que el Señor rescató,
que rescató de manos del adversario,
que reunió de todos los países del oriente y poniente,
del norte y del sur.

Erraban por el desierto,
por la estepa, sin hallar el camino
de una ciudad poblada.

Tenían hambre, pero más tenían sed,
su alma en ellos ya desfallecía.

Pero al Señor clamaron en su angustia
y él los libró de su aflicción, los encaminó por una ruta
recta para que llegaran a una ciudad poblada.

Den gracias al Señor por su bondad,
sus maravillas con los hijos de los hombres.

Dio de beber a la garganta seca y a los hambrientos
los colmó de bienes.

Habitaban en la sombra y en tinieblas,
atenazados por la miseria y los hierros,
por no haber escuchado las palabras de Dios
y despreciado los consejos del Altísimo.

En la pena él sumió su corazón, sucumbían
y nadie los socorría.

En su angustia clamaron al Señor y él los liberó
de su alifcción, los sacó de la sombra, de las tinieblas
y rompió sus cadenas.

¡Den gracias al Señor por su bondad,
sus maravillas con los hijos de los hombres!

Pues él rompió las puertas de bronce
y destrozó los cerrojos de fierro.

Vueltos locos en su mal camino, y desdichados
a causa de sus faltas, sentían asco de cualquier alimento
y estaban a las puertas de la muerte.

Pero en su angustia clamaron al Señor
y él los liberó de su aflicción.

Les envió su palabra, los sanó y salvó sus vidas
de la tumba.
¡Den gracias al Señor por su bondad,
sus maravillas con los hijos de los hombres!

Ofrezcan sacrificios de acción de gracias,
cuenten sus obras con cánticos de júbilo.

Los que bajan al mar en sus navíos
y negocian entre las grandes aguas, estos han visto
las obras del Señor, sus maravillas en las profundidades.
A su orden surgió un viento huracanado, que levantaba
las olas; subían a los cielos, bajaban a los abismos, su alma
se consumía en el mareo; por el vértigo, titubeaban como
un ebrio, toda su pericia había sido tragada.

Pero al Señor clamaron en su angustia
y él los hizo salir de su aflicción.

Hizo que amainara la tormenta y las olas
del mar enmudecieron.

Se alegraron al ver calmado todo,
y los llevó al puerto deseado.

¡Den gracias al Señor por su bondad,
sus maravillas con los hijos de los hombres!

Que lo exalten en la asamblea del pueblo
y lo alaben en el consejo de ancianos.

Él convierte los ríos en desierto y en tierra seca las vertien-
tes de agua; la tierra fértil se cubre de sal debido a la maldad de sus habitantes.

Pero cambia el desierto en capa de agua
y la tierra árida en fuente de agua; allí hace que habiten
los hambrientos y fundan una ciudad habitable.

Siembran sus campos y plantan viñedos,
recolectan sus frutos.

Los bendice, se multiplican mucho,
y su ganado no se les reduce.

Luego disminuyeron y se vieron abatidos bajo
el peso de males y desgracias, pero él, que derrama
el desprecio sobre los grandes y los hace errar
en un desierto sin caminos, levanta al pobre de su miseria
y multiplica las familias como el rebaño.

Los hombres rectos véanlo y alégrense,
pero todo lo que es vil cierre la boca.

¡El que sea sabio, que medite estas cosas
y reconozca las bondades del Señor!

Él compartía la naturaleza divina,
igual a Dios por propio derecho,
sin embargo se redujo a nada,
tomando la condición de siervo,
y se hizo semejante a los hombres.
Y encontrándose
en la condición humana,
se rebajó a sí mismo
haciéndose obediente hasta la muerte,
y muerte de cruz.
Por eso Dios lo engrandeció
y le dio el Nombre
que está sobre todo nombre,
para que al Nombre de Jesús
se doble toda rodilla en los cielos,
en la tierra y entre los muertos,
y toda lengua proclame
que Cristo Jesús es el Señor,
para gloria de Dios Padre.

Filipenses 2; 6-11

1

3 de junio de 2001

Con ocasión del decimoquinto aniversario de mi ordenación sacerdotal, el 25 de mayo de 1999, mi vida entró en un período de oscuridad total que me permitió hacer mis oraciones con mayor facilidad, especialmente el rezo del santo rosario. Desde hacía varios años esta oración se me dificultaba a tal grado, que solamente tomar el rosario en mis manos, parecía tener el peso de una piedra. Siendo gran devoto de la santísima Virgen María esta situación me era muy molesta.

Mi vocación al sacerdocio y a la vida religiosa había nacido y se había tejido en base a una espiritualidad profundamente eucarística y mariana; sin embargo, en los últimos años aquella percepción de las realidades espirituales se había obscurecido de tal forma que se había ocultado casi por completo. El día de mi aniversario, la hermana María Guadalupe —Misionera de la Caridad— me había enviado una tarjeta de felicitación que lograba al fin quitarme la aridez espiritual que había soportado poco menos de diez años. La tarjeta, que citaba palabras de la Madre Teresa de Calcuta, decía lo siguiente: "La santidad no es nada especial para un sacerdote. El deber de un sacerdote es ser santo por la unión tan íntima que tiene con Jesús. Sé un verdadero amante de la cruz de Jesús, pues en ella está el misterio de tu sacerdocio".

Al final, la hermana Guadalupe había añadido otras palabras de la Madre Teresa: "María tiene un amor tierno y también una protección especial para cada sacerdote, si tan sólo acude a ella". Profundamente conmovido por estas palabras, dejé la tarjeta a un lado y saqué el rosario que llevaba en el bolsillo. De pronto se sentía tan ligero como una pluma y comencé a rezar. Desde ese día, el rosario se convirtió en algo nuevo para mí, era como la cadena que me ataba a Dios y entonces comencé a rezar los misterios diariamente.

Por esa razón no debe ser sorprendente que para el mes de agosto ya me estuviera preparando para hacer la consagración total de mi vida a Jesús a través de María, según el método de San Luis María de Montfort, el gran devoto del siglo XVII del misterio de la encarnación y el rol de la santísima Virgen María en el plan salvífico de Dios. La imperiosa necesidad y el enorme deseo de profundizar mi consagración sacerdotal y religiosa me habían conducido a San Luis María de Montfort.

A las dos semanas de haber iniciado los 33 días de preparación para esta consagración, ya me había hecho de una hora formal de oración, entre las presiones y el peso de mis responsabilidades como párroco, y en medio de múltiples actividades que tiene la parroquia de San Estanislao Kostka, que además, tenía problemas financieros: se necesitaban $400.000 dólares para el techo; la fachada exterior de la iglesia se estaba cayendo, y los pilares interiores se estaban desmoronando. Los últimos cuatro años me había hecho el propósito de ahorrar algo de dinero para la parroquia, sin éxito, y para ese entonces, ya me sentía cansado y abrumado. Estando pues en mi oración, escuché una voz interior, muy directa y muy clara. Era nuestra Señora que me decía: "Dame la parroquia; nómbrame Madre y Reina de ella". Sin pensarlo dos veces y con absoluta confianza, le consagré la parroquia a la Santísima Virgen María. Súbitamente el gran peso que iba cargando desapareció. Al tercer día de este suceso, la Arquidiócesis me notificaba que la parroquia de San Estanislao Kostka recibiría una donación de $850.000 dólares para que de inmediato se iniciaran los trabajos necesarios. Hacía varios meses que yo no mencionaba a nadie los problemas financieros de la iglesia.

Amistad con Dios

Una vez consagrada la parroquia a la Virgen María, continué con la preparación de mi consagración personal, pero al llegar a la última semana, empecé a tener dificultades con un concepto: la esclavitud a María. Lo que resulta más esencial, el corazón mismo de la consagración según el método de San Luis María de Montfort, es precisamente ese concepto: el discípulo se convierte en un esclavo, y a mí la sola palabra me sofocaba y cada fibra de mi ser rechazaba esta idea de esclavitud.

Al iniciar los 33 días de preparación para la consagración, había decidido colgar de mi cuello un rosario. En la mañana del último día 13 de septiembre, al prepararme para ir al gimnasio a ejercitar un poco, me vi al espejo con el rosario en el cuello; recuerdo haber pensado lo extraño que me veía —como si fuera un esclavo— y me pregunté por qué consideraba necesario seguir usándolo.

Haciendo los ejercicios de rutina, el rosario parecía oprimirme el pecho de una forma que comenzó a irritarme, porque además no estaba haciendo nada que lo ocasionara. Cuando menos me acordé, el rosario se rompió y fue a dar al piso. Paré lo que estaba haciendo y lo levanté. Enseguida me di cuenta de que las cuentas habían cambiado notablemente de color: de un plateado brillante que tenían, ahora eran doradas. Entonces entendí que esa noche, vigilia de la fiesta de la santa Cruz, ya no tendría ningún problema para terminar mi preparación y que, confiando mi vida a nuestra Señora, me consagraría en calidad de esclavo.

Fue por voluntad divina que me pude consagrar en la fiesta de la santa Cruz; yo no lo había planeado de esa forma y cuando celebré Misa al día siguiente por la mañana, me impactó lo que decía la segunda lectura, la Carta de San Pablo a los Filipenses: "Él, siendo de condición divina, no reivindicó, en los hechos, la igualdad con Dios, sino que se despojó, tomando la condición de esclavo, y llegó a ser semejante a los hombres" (Flp 2,6-7). Comprendí entonces que se me había inspirado hacer algo bueno: actuar imitando a Cristo es el medio más seguro de hacerse amigos de Dios.

El mensaje de la Divina Misericordia

Pocas semanas antes de mi preparación, se había comenzado a formar lo que parecía un pequeño rebaño teniendo muchas cosas en común; por un lado había devotos de la Santísima Virgen María cimentados en el santo sacrificio de la Misa, y por el otro, grandes devotos de Cristo en el Santísimo Sacramento. Unos y otros fueron atraídos hacia la Divina Misericordia. La imagen y la devoción al mensaje de la Divina Misericordia nos condujo a iniciar, todos los domingos a las tres de la tarde, la hora de la gran misericordia.

Jesús, a través de Santa María Faustina Kowalska, profeta y mística polaca acaecida en 1938 a los 33 años de edad, hizo un llamado urgente, una súplica a su Iglesia, para que se proclamara su divina misericordia en todo el mundo. Santa Faustina, que fue canonizada el 30 de abril del año 2000, se encontraba bailando en una fiesta a los veinte años, cuando le sucedió lo que en sus propias palabras nos describe:

"Una vez, junto con una de mis hermanas fuimos a un baile. Cuando todos se divertían mucho, mi alma sufría (tormentos) interiores. En el momento en que empecé a bailar, vi a Jesús junto a mí. A Jesús martirizado, despojado de sus vestiduras, cubierto de heridas, diciéndome estas palabras: *¿Hasta cuándo me harás sufrir, hasta cuándo me engañarás?* En aquel momento dejaron de sonar los alegres tonos de la música, desapareció de mis ojos la compañía en que me encontraba, nos quedamos Jesús y yo. Me senté junto a mi querida hermana, disimulando lo que ocurrió en mi alma con un dolor de cabeza. Un momento después abandoné discretamente a la compañía y a mi hermana y fui a la catedral de San Estanislao Kostka. Estaba anocheciendo, había poca gente en la catedral. Sin hacer caso a lo que pasaba alrededor, me postré delante del Santísimo Sacramento, y pedí al Señor que se dignara hacerme conocer qué había de hacer en adelante. Entonces oí estas palabras: *Ve inmediatamente a Varsovia, ahí entrarás en un convento".* (Diario de Santa Faustina, 9-10)

Y entonces todo comenzó. María Faustina se fue a Varsovia, entró en un convento y Jesús le dio la encomienda de escribir su súplica a la humanidad para que regrese a Dios.

A través de Santa María Faustina, Jesús nos indica la manera en que debemos prepararnos para el día de la justicia; nos recuerda que estamos viviendo en un tiempo de gracia y que durante este tiempo, todos y cada uno tienen la oportunidad de volverse de las tinieblas a la luz; del mal, al bien; del abismo mortal, a la vida eterna. Jesús espera ansiosamente que la humanidad caída regrese a Él para sumergirla en la sangre y el agua que brotaron de su costado abierto por una lanza; su corazón herido. El mensaje no es otro que el mismo mensaje de misericordia y de perdón que vino a darnos la primera vez; es el llamado a la conversión y la transformación; el llamado a ser liberados en el amor y la paz de un Jesús que sufrió, fue crucificado y resucitó por todos, sin haber excluido a nadie.

La imagen y la devoción de la Divina Misericordia se pueden comprender especial y singularmente en la celebración del santo sacrificio del altar y en la adoración al Santísimo Sacramento: de las sagradas especies fluye la misericordia y la gracia superabundante que tiene el poder de transformar a las almas y convertirlas en verdaderos discípulos de misericordia mediante las oraciones, las palabras y las obras.

El Santo Padre, Juan Pablo II, ha sido insistente en sus llamados para que en todo el mundo se establezcan capillas de adoración al Santísimo Sacramento. Yo también, desde que inicié mi labor pastoral en San Estanislao Kostka, sentía la imperiosa necesidad de tener una capilla de adoración, pero la vida parroquial ha sido desgastante y me ha dejado poco tiempo libre para siquiera pensar en realizar tales esfuerzos. Sin embargo, el deseo de construir un santuario seguía ardiendo en mi interior. Al iniciarse las obras de reparación exterior de la iglesia, la idea de construir una capilla de adoración perpetua al Santísimo Sacramento y dedicarla a la Divina Misericordia, comenzó a rondarme la cabeza; teníamos el espacio, pero no teníamos el dinero, por lo que tuve que resignarme a la idea de que, si nuestra Señora quería el santuario, seguramente ella proporcionaría los medios.

Una mañana terminando de celebrar la Misa para las Misioneras de la Caridad, les pedí a las hermanas que incluyeran en sus oraciones mi discernimiento sobre cómo construir esa capilla; la hermana Guadalupe me dijo: "Padre, usted tendrá la capilla". Hizo mención de Oscar Delgado, que había trabajado para la cadena informativa NBC como corresponsal de guerra y se había sacado una fuerte suma en la lotería; en oración había discernido qué era exactamente lo que debía hacer con el dinero y al poco tiempo sentía el fuerte llamado de difundir el mensaje de la Divina Misericordia; había colaborado en la construcción de varias capillas alrededor del mundo, además de valerse de otros medios para difundir el mensaje.

De inmediato establecí contacto con Oscar que ya bastante había hecho para que la gente conociera el mensaje misericordioso de Jesús. Nos conocimos en la parroquia en febrero del año 2000. Le mostré el espacio que se tenía pensado para la capilla y le expliqué lo que queríamos hacer; también le mencioné el gran consuelo que sería para la parroquia tener frente a la autopista Kennedy, la imagen de nuestra Señora del Milenio de 10.60 metros de altura. Esta imagen peregrina de la santísima Virgen María que visita todas las parroquias de Chicago durante una semana cada una, atrae a cientos de personas hacia la oración. Está por decidirse cuál será eventualmente el hogar permanente de la imagen, y preguntándome a mí mismo si la iglesia de San Estanislao Kostka podría ser ese lugar, el ex corresponsal de la NBC me propuso la idea contar también con una imagen de bulto similar, pero de la Divina Misericordia.

Peregrinación jubilar

A finales de marzo y con motivo del gran año jubilar de la encarnación en el 2000, organicé un viaje a Tierra Santa y Roma acompañado de 42 peregrinos. En nuestra ruta hacia Israel hicimos una escala en Milán en donde celebramos la primera Misa de nuestra peregrinación, preparando el altar en plena concurrencia cerca de la puerta donde debíamos abordar el avión para Tel Aviv comenzaron a acercarse personas de todas partes para unirse a la celebración de la Misa. A mis peregrinos les había pedido que incluyeran en sus intenciones diarias que el Señor manifestara su voluntad con una señal muy clara de que la construcción del santuario era realmente un deseo de nuestra Señora. Durante los días que duró la peregrinación celebramos Misa; por las mañanas rezábamos el rosario, y por las tardes la coronilla de la Divina Misericordia.

Después de diez días en Tierra Santa, el 31 de marzo salimos de Israel hacia Roma arribando la misma noche del viernes. Una vez instalados en el hotel, le pedí a la guía de turistas italiana que nos apartara una capilla en la basílica de San Pedro para celebrar la última Misa de la peregrinación. Ese mismo día por la noche la guía regresó al hotel para informarme que todas las capillas del Vaticano ya estaban reservadas, pero que la iglesia del Espíritu Santo, muy cerca del hotel, estaba libre; de este modo, la última Misa de la peregrinación se programó para el siguiente domingo a las cinco de la tarde en esa misma iglesia.

El sábado me desperté muy temprano, y a las cinco de la mañana me encaminé hacia la Plaza de San Pedro para rezar el rosario, pero como encontré la plaza cerrada, seguí caminando y rezando el rosario por las calles aledañas. Al llegar a una iglesia pequeña me detuve. En las puertas laterales había sendos cartelones que anunciaban la próxima canonización, el 30 de abril, de la Beata María Faustina Kowalska. Decidí entrar y ante el Santísimo Sacramento había unas religiosas de la congregación de la Beata que rezaban devotamente. Observando la iglesia, vi que en la parte posterior del Santísimo, había entronizada una impresionante imagen de la Divina Misericordia; a un costado de la nave principal había otra capilla dedicada también a la Divina Misericordia, pero ésta tenía una escultura de la Beata Maria Faustina. Mi corazón comenzó a brincar violentamente: ¡esa era la señal que tanto había estado buscando". Ahora veía claramente que la intención de nuestra Señora era en verdad la construcción de un santuario a la Divina Misericordia en la parroquia de San Estanislao Kostka. Durante el desayuno, compartí con los peregrinos el dichoso descubrimiento y entonces la guía me dijo: "¡Oh! esa es precisamente la iglesia del Espíritu Santo". Profundamente agradecidos por tantas gracias recibidas durante nuestra peregrinación jubilar, al siguiente domingo por la tarde nos dábamos cita en la iglesia del Espíritu Santo a unas cuantas cuadras del Vaticano; ahí, en el santuario oficial de la Divina Misericordia en Roma, celebramos nuestra última Misa.

La imagen de la Divina Misericordia

A los pocos días de haber regresado a Chicago, recibí las primeras fotos de la escultura en bronce que se preparaba en la ciudad de México sobre la Divina Misericordia: una confirmación más de que el Espíritu Santo iba guiando los pasos hacia la construcción del santuario de la Divina Misericordia, en conformidad con los planes de nuestra Señora.

El hecho de que fuera en México donde se elaboraba la imagen para mí constituía una señal providencial, pues aunque el donante no sabía la historia de nuestra parroquia, nuestra Señora sí que la sabía: San Estanislao Kostka fue la primer parroquia de la Arquidiócesis de Chicago fundada en 1867, su principal misión apostólica era con los inmigrantes polacos y a principios del siglo XX, llegó a ser una de las parroquias más grandes del mundo. Posteriormente, en las últimas décadas del siglo, se sumaron a lo que ahora consideran como su hogar, inmigrantes latinoamericanos, en su mayoría provenientes de México.

No cabe duda que Dios no muestra preferencias; en tanto que la devoción a la Divina Misericordia nos viene a través de una monja polaca, Santa María Faustina Kowalska, la escultura proviene de México por mediación de una escultora mexicana, Gogy Farías. Hoy en día asisten a la parroquia una gran mezcla de creyentes de todas partes: anglosajones, hispanos, asiáticos y africanos, pareciéndome que esta diversidad refleja justamente el reto de todos por lograr un auténtico catolicismo; es decir, que Dios, el verdadero Dios, es uno para todos los pueblos; de ahí que todos aquellos que profesan y viven la fe de la Iglesia han de ser acogidos para que tomen su lugar en el altar del sacrificio, la mesa del banquete.

Por otro lado, en los meses de septiembre a junio el artista Ray Garza había comenzado con los diseños de lo que sería la capilla. Había conocido a Ray cuatro años atrás cuando éste vivía su conversión y se había reconciliado plenamente con Cristo y con su Iglesia; era muy servicial y se mantenía cerca de la parroquia para ayudar en todo lo que fuera necesario. La muerte de su abuela, muy devota de la Santísima Virgen, le había impactado fuertemente, y desde entonces había sentido la inspiración de rezar todos los días y con gran devoción el rosario, además de que su interés por el mensaje de la Divina Misericordia también había crecido a tal punto, que ya se sentía parte del plan que tenía nuestra Señora para la parroquia.

A principios de junio comenzamos los preparativos para recibir la imagen de la Divina Misericordia que venía de México. Carl Demma —el creador de la imagen de nuestra Señora del Milenio de 10.60 mts— había ofrecido sus servicios en todo lo que fuera necesario, especialmente en el planeamiento y transporte de la imagen de 5.48 mts. que se había pensado peregrinara por todas las parroquias de la Arquidiócesis de Chicago. Carl tenía una vasta experiencia en ello porque siempre había sido el encargado de llevar la agenda de la imagen de nuestra Señora del Milenio. Por otro lado, se planeó que mientras la Divina Misericordia peregrinaba por las parroquias, se le construiría un pedestal y se la colocaría ahí a su regreso en el mes de octubre, fecha en que también estaríamos recibiendo en la parroquia la imagen de nuestra Señora del Milenio; y aunque su visita duraría sólo una semana, con los dos iconos de imponente estatura e importancia, seguramente serían ocho días de profunda oración y devoción.

La muerte de Carl Demma

Directo desde la ciudad de México a la ciudad de Chicago llegaba por fin la ansiada y monumental imagen peregrina de la Divina Misericordia, el 23 de junio, pero no fue sino hasta el día 25, fiesta de Corpus Christi, cuando se bendijo solemnemente durante la Misa celebrada en el atrio de la parroquia. Carl había hecho preparativos para que el Señor iniciara su peregrinación por toda la Arquidiócesis a partir del martes siguiente. El domingo de Corpus por la noche, Carl había ido a la iglesia como a las nueve de la noche y nos pusimos a conversar sobre el significado de las dos imágenes; él también creía que San Estanislao Kostka sería la residencia permanente de la imagen de nuestra Señora; recuerdo sus últimas palabras antes de despedirse: "llegó su Hijo". Carl salió, se subió a su automóvil y se puso a rezar el rosario. Parecía estar en profunda contemplación con sus ojos fijos en la imagen de Jesús.

A la medianoche recibí una llamada de Francine, esposa de Carl, preguntándome a qué hora había salido Carl de la iglesia porque aún no llegaba a casa; no había nada que hacer más que esperar. Eran las seis de la mañana del día siguiente cuando le telefoneé a Francine en tanto me preparaba para irles a celebrar Misa a las Misioneras de la Caridad; Carl efectivamente había llegado, pero Francine lo había encontrado en su automóvil estacionado frente a la casa. Aparentemente le había dado un ataque al corazón y había fallecido. Seis y media de la mañana y en la capilla de las Misioneras de la Caridad, ofrecía la santa Misa por el eterno descanso de Carl Demma.

La muerte de Carl había atraído la atención de los medios de comunicación; se publicó un artículo en primera plana del periódico *Chicago Tribune* sobre la mística en la iconografía: "La atracción visual y tangible de los símbolos en la imaginación religiosa". El reportero Steve Kloehn me había solicitado una entrevista pidiéndome que le explicara en qué consistía la atracción; a la sazón se encontraba una mujer que de rodillas lloraba frente a la imagen de Jesús, y señalándola, le pedí que se lo preguntara a ella. La mujer, secándose los ojos, dijo sencillamente que se sentía purificada y que había recuperado su fe en Cristo. Luego en su artículo, Kloehn escribía una cita del Padre Richard Fragomeni, catedrático de liturgia en Catholic Theological Union, que al respecto comentaba:

En lo más profundo de la imagen, en lo más profundo del mundo material, algo profundamente Otro, se nos está dando a conocer. Se convierten en los medios en los que se enfoca la atención para que todos nuestros sentidos conozcan a Dios. (*Chicago Tribune, 27 de junio de 2000*)

El regreso de las imágenes

Ray Garza fue designado como responsable de la imagen, y a las pocas semanas se inició el viaje con la Divina Misericordia. Ray se sentía muy orgulloso con su nueva misión y sus ojos brillaban y bailaban cuando, con emoción, nos comentaba las manifestaciones de fe que mostraba la gente por todos los lugares donde pasaba la imagen, así como la tristeza que sentían cuando se la llevaban.

Ya era octubre y seguíamos con las preparaciones para recibir la imagen de la Divina Misericordia que venía de regreso y la visita de nuestra Señora del Milenio de Carl Demma. Se había instalado temporalmente una capilla de adoración y un santuario en el atrio para celebrar la Misa. Los parroquianos decoraron los jardines y a la gente se le pidió mover sus automóviles de las calles cercanas para evitar problemas cuando llegaran 'la Madre y el Hijo'.

Hacía años que las campanas de la iglesia no funcionaban, así es que llamé al personal de servicio para que vinieran a repararlas y tuve que dejar un mensaje en la grabadora porque nadie me contestó. Nunca se reportaron a la llamada y abrumado con tantos pendientes el asunto se me pasó por completo quedando inconcluso.

Ray había estado retocando la imagen de la Divina Misericordia porque había permanecido en una bodega una semana antes de regresar a la parroquia. El jueves 5 de octubre, sacó del sótano de la rectoría una imagen fotográfica de 5 mts. de Santa Maria Faustina que había estado expuesta con motivo de su canonización, hasta que el viento la había despegado. Ray reparó algo la imagen y la colgó provisionalmente en la iglesia hasta el lunes siguiente cuando se la entronizaría en la parte posterior del santuario exterior, de cara a las otras dos imágenes. Con gran sorpresa recordamos que ese día, 5 de octubre, se festejaba el día en que Faustina fue llevada al cielo y Ray comentó que también era providencial que él hubiera nacido un 30 de abril, día de su canonización. Efectivamente, el Señor sabe a quién llama, y Ray ya había desarrollado una profunda relación con la Divina Misericordia; reconocía que Jesús había sido muy bondadoso con él y que su misericordia se manifestaba de una forma maravillosa en el amor que compartía con su esposa Leona.

A los dos días, fiesta del Santo Rosario, Ray se encontraba grave en el hospital con un aneurisma sufrido en el cerebro: el pronóstico no era bueno. Su cuñado me había llamado el sábado por la mañana para decirme lo que había sucedido poco después de la medianoche del 7 de octubre. En esos días mis salidas se concretaron a una sola ruta: de la parroquia al hospital y del hospital a la parroquia. Leona se aferraba con todo su ser a la esperanza de que Ray habría de salir de situación tan penosa.

El 10 de octubre en la mañana llegaron las imágenes a la iglesia, y cuando levantaron la de nuestra Señora, de súbito salieron pájaros por todas partes revoloteando como en una danza alrededor de la imagen, en tanto que unos estudiantes de la escuela parroquial felices y azorados veían aquel espectáculo.

Luego le tocó su turno a la Divina Misericordia; venía en un camión de plataforma y cuando la bajaron y la depositaron en el piso, las campanas comenzaron a repicar llamando la atención de todos los presentes. Corriendo fui a la sacristía en donde me encontré a un hombre que reparaba el campanario; de seguro notó el pasmo y la sorpresa en mi cara, porque en cuanto me vio dijo: "hace días que recibimos el mensaje de reparar el campanario pero hemos estado muy ocupados". Momentos después sonaba el teléfono en la rectoría y corrí a contestar: era Leona. Le acababan de suspender a Ray la respiración artificial y había fallecido. Oficié la Misa de cuerpo presente y después llevamos el cuerpo de Ray a los pies de la imagen de la Divina Misericordia en donde rezamos la coronilla. En medio de un gran silencio y paz, el cortejo fúnebre partió para el cementerio donde el cuerpo de Ray descansaría para siempre.

Inicio de la adoración

Después de una larga semana de oración, la imagen de nuestra Señora dejó la parroquia para continuar con su peregrinación por toda la Arquidiócesis, mientras que la imagen de la Divina Misericordia, para nuestra dicha, se quedaba en San Estanislao Kostka. Aún necesitábamos dinero para el pedestal y no estábamos seguros de dónde construirlo.

La vida y el ministerio de la parroquia se iban intensificando cuando inició el mes de noviembre, en el que también le dimos el último adiós a Juan Ibarra, uno de nuestros cuatro diáconos que, siguiendo los pasos de su santo padre, había sido un verdadero adorador del Santísimo Sacramento y un humilde devoto de la santísima Virgen María. Juan se había encargado de todos los preparativos para la novena en honor de nuestra Señora de Guadalupe; pero dos días antes de iniciarla también murió repentinamente. Su cuerpo fue escoltado hasta la iglesia unos momentos antes de la primer velada de oración a nuestra Señora.

Las manifestaciones de fe en esos días de oración me sacaron del horrendo sentimiento que tenía por la muerte de Juan Ibarra y la idea de la capilla me seguía rondando en las profundidades de la mente. Las palabras de nuestra Señora de Guadalupe a Juan Diego parecían resonar con una urgencia renovada en este "nuestro" tiempo: hace casi 500 años, en sus apariciones en el cerro del Tepeyac en México, nuestra Señora le dijo a Juan Diego:

> Escucha y tenlo por bien entendido, tú, el más pequeño de mis hijos, que yo soy la siempre Virgen María, Madre del verdadero Dios por quien se vive; el creador de todo lo que es; el Señor del cielo y de la tierra. Mucho quiero, mucho deseo, que se me erija aquí una casita, para que en ella pueda yo mostrar y dar todo mi amor, mi compasión, mi ayuda y mi auxilio, pues yo soy vuestra Madre de misericordia. A ti y a todos los moradores de estas tierras y a todos aquellos que me aman y ponen su confianza en mí, sepan que escucho los lamentos de mis hijos y vengo a aliviar sus miserias y sus dolores…

Y la idea de la capilla seguía ahí. Pasó Adviento y siguió Navidad; llegó el invierno y casi inadvertidamente, la Pascua la teníamos encima.

Aún no había capilla, seguíamos sin tener un pedestal, pero mi corazón continuaba encendido. Nuestra Señora tenía el plan, ¿qué seguía? Finalmente, unas dos semanas antes del Miércoles de Ceniza, sentí que cada obstáculo que se nos había presentado para construir la capilla, de pronto se esfumaba; en vez de esperar a que el dinero llegara para hacer una gran construcción en el espacio destinado para la capilla, abrimos una pequeña capilla de adoración a la Divina Misericordia en el salón de la rectoría; si bien no se trataba de una capilla permanente ni tampoco de una capilla de adoración perpetua, por lo menos 12 horas al día, desde las ocho de la mañana hasta las ocho de la noche, la gente podía venir a rezar.

EL SANTUARIO EXTERIOR

Llegó la Pascua; nos preparábamos para las celebraciones de Semana Santa y para la primer celebración oficial del Domingo de la Divina Misericordia, cuando se adelantaron los proyectos para construir el pedestal para la imagen.

Se tomaron varias propuestas, se seleccionó un contratista y la cita quedó fijada para un domingo del mes de mayo con objeto de revisar los dibujos que se habían hecho del pedestal. Un día antes de la reunión, recibí una llamada de Maureen Murphy de la Oficina de Servicios Legales de la Arquidiócesis, diciéndome que alguien había donado dinero en un testamento, pero solicitaba específicamente que se utilizara para alguna capilla. Maureen me dijo que le habían dado mi nombre a la albacea del testamento y que me llamaría. Unas horas después entraba la llamada pero yo estaba fuera de mi oficina; traté de reportarme pero mis esfuerzos fueron en vano.

Al día siguiente en la reunión, el contratista nos mostró los dibujos que había hecho del pedestal, y grande fue nuestra sorpresa al ver el hermoso bosquejo que había hecho de un santuario exterior para resguardar la imagen. El costo del santuario rebasaba los $100.000 dólares; fácilmente podría costar hasta $130.000; quizás $150.000 o incluso alcanzar los $200.000. Me emocioné sólo de pensar en tan hermoso santuario. El problema era, por supuesto, que no teníamos dinero.

Discretamente, salí de la reunión para hacer una llamada telefónica. El caballero que me contestó me agradeció que hubiera llamado y me dijo que su mamá era la albacea y que se había destinado una cierta cantidad para una capilla. Él estimaba que en el testamento quedaban de $120.000 a $135.000 dólares; nos dimos cita en la rectoría dos días después. Compartí con ellos la historia de mi camino de fe desde el momento en que nuestra Señora me había pedido que le ofreciera la parroquia hasta ese día. Escucharon absortos pero con cautela.

Antes de marcharse, la señora me contó un sueño que había tenido hacía algunos años en que había visto una imagen de Nuestro Señor con tan vivos detalles, que nunca antes había visto algo igual en la vida real; semanas después la misma imagen era entronizada en su parroquia, y era la imagen de la Divina Misericordia. Al compartir con ella mi deseo y esperanza de que el santuario se dedicara el 8 de septiembre, fiesta de la Natividad de nuestra Señora, los ojos de la mujer brillaron, me dijo que ella se había casado con su esposo un 8 de septiembre. Aunque llevaba cinco años de haber fallecido, noté que el dolor por la pérdida de su esposo era aún profundo y que lo seguía amando mucho.

Confiado en que el dinero sería para el santuario, esperé pacientemente a que los donantes dieran una respuesta; pero pasaron casi dos semanas sin que tuviera ninguna noticia. Me sentí tan humillado por haberme entusiasmado con anticipación hasta llegué a pensar que quizás había dicho algo que había molestado a los donantes o que tal vez no había discernido correctamente la situación. Le pedí al Señor con todo el corazón que me perdonara por mi presunción y que tuviera a bien quitar la oscuridad que me envolvía.

En desolación espiritual asistí a la segunda reunión que se había programado con el contratista, aunque no tenía ninguna buena noticia para darle puesto que no tenía el dinero. En vista de las circunstancias, se decidió que de momento se dejaría de lado la cuestión del santuario, y en cambio se diseñaría una especie de patio alrededor de la imagen. Al terminar la reunión y de mala gana, fui a llamar al donante, y como no estaba le dejé un recado preguntándole si aún se consideraba a la parroquia como recipiente del donativo.

Una hora después recibía una llamada y una disculpa; al parecer hacía dos semanas que el hijo del donante había dejado un mensaje en la grabadora de la parroquia; es decir, un día después de que nos habíamos reunido, y diciéndome que sentía mucho que no hubiera recibido el mensaje, añadió: "sí, mi madre decidió de inmediato donar el dinero a la parroquia de San Estanislao Kostka para la construcción del santuario exterior".

Conforme nos vamos acercando a lo que al parecer será una capilla permanente de adoración al Santísimo Sacramento y un santuario a la Divina Misericordia, nos sentimos más humildes; entre tanto, nuestra Señora continuaba manifestándose.

La Madre de Nuestro Señor nos guía

Hace casi dos años, durante la fiesta de la santa Cruz, confié mi vida a Jesús por medio de María. Poco tiempo después y como símbolos de sumisión, tomé el crucifijo y el solideo, y comencé a usarlos diariamente.

Me decidí por el crucifijo por razones obvias: el crucifijo es el símbolo más ilustrativo de la sumisión de Jesús a la voluntad del Padre quien, como acto excelentísimo de propiciación, se ofreció por los pecados del mundo con su sufrimiento, muerte y resurrección. La idea de usar un solideo como signo de sumisión me había llegado cuando caminaba por los corredores del Museo del Vaticano en mi peregrinación a Roma: algunas de las pinturas mostraban sacerdotes y religiosos de épocas remotas llevando el solideo y la sencilla vestimenta religiosa de aquellos días; esas imágenes me transmitieron cuán íntegra y total era su atención a Dios. Al reflexionar sobre estas pinturas, el símbolo del solideo se fue definiendo cada vez más hasta adquirir un nuevo significado en relación con mi consagración personal. Sentí que usar un solideo en este mundo del tercer milenio como símbolo distintivo y singular, sin duda sería algo atrevido que provocaría curiosidad sobre su significado; esto me daría la oportunidad de hablar sobre los misterios de la religión y la fe en Cristo Jesús.

Pero sin importar qué mensajes pueda recibir el mundo a través de estos símbolos, para mí son como el sello de mi vida en esclavitud ofrecida a Dios; y aun cuando no tuviese ningún otro motivo, usar el crucifijo y el solideo a diario me tendrían que recordar el carácter sagrado y sacrificial de mi sacerdocio.

Esta mañana durante la Misa me sentí confirmado en lo que estoy haciendo actualmente, y cuando pronuncié la oración del Prefacio Eucarístico, todas las dudas se disiparon: "En cualquier lugar proclamamos tus grandes obras porque nos has llamado de las tinieblas a la maravillosa luz en la que tú mismo habitas".

No obstante en mi vida la oscuridad no cede; estamos en el exilio; somos forasteros en tierra extranjera y en el horizonte hay tormenta. La batalla está declarada; la guerra es intensa. Lo que está escrito en el Apocalipsis es totalmente cierto: "...El dragón grande, la antigua serpiente, conocida como el Demonio o Satanás, fue expulsado; el seductor del mundo entero se enfureció contra la mujer y se fue a hacer la guerra con el resto de sus hijos, es decir, a los que observan los mandamientos de Dios y guardan las declaraciones de Jesús" (Ap 12, 9-17). Es un camino solitario; es el camino de la cruz, pero Dios está con nosotros. Por eso dejamos que nos guíe la Madre de Nuestro Señor porque le pertenecemos. La santísima Virgen María tiene un tierno amor y una especial protección por todos sus hijos, si tan sólo acudimos a ella.

2

INVITACIÓN A BEBER
EN LA FUENTE DE MISERICORDIA

29 de junio de 2001

A un costado de la autopista Kennedy de Chicago, en el crucero donde el norte se encuentra con el sur, visualizo un oasis de espiritualidad católica. Es aquí, en la parroquia de San Estanislao Kostka, donde el cielo tiende su manto misericordioso para saciar la sed de los espiritualmente pobres por medio de símbolos que son parte de la mística católica. Esta mística que se manifiesta en imágenes como la de nuestra Señora del Milenio y la Divina Misericordia, se va entrelazando hasta formar la colección de nuestra imaginación religiosa; una espiritualidad que a un tiempo es mariana y eucarística y en la que encuentra sus fundamentos en la antigua tradición de la Iglesia.

MARÍA NOS ENSEÑA A ORAR

La imagen de nuestra Señora del Milenio en actitud de oración se encuentra dando la bienvenida a la entrada de nuestro santuario exterior de la Divina Misericordia para luego señalar el camino hacia Jesús que está a cierta distancia de su Madre bendiciendo al pueblo que peregrina, simbolizado por los automóviles que fluyen de norte a sur sobre la autopista Kennedy, y que en algún momento han de entrar al santuario, por curiosidad o por necesidad, para que María, la mujer orante, los guíe por la vía dolorosa hasta la fuente de la misericordia: la imagen de Jesús.

El agua que a manera de cascada cae del pedestal donde se encuentra la imagen de la Divina Misericordia, representa la sangre y el agua que brotaron del corazón de Jesús cuando nació la Iglesia, y la fuente en sí es un símbolo de este nacimiento y de su perenne sostenimiento por los sacramentos, especialmente el de la santa Eucaristía y la reconciliación. La Eucaristía, instituida en la Última Cena, perpetúa el sacrificio de Jesús en el Gólgota por el que toda la raza humana fue liberada de la esclavitud del pecado y de la muerte. La gracia redentora que emana de la Eucaristía sigue transformando la vida de un pueblo que peregrina, que peca incesantemente y que con todo habrá de morir. Mediante el santo sacrificio de la Misa, la misericordia se desborda incesantemente, liberando a la humanidad de la esclavitud y conduciéndola hacia la libertad; guiándola de la oscuridad hacia la única luz; arrancándola de la muerte y regalándole la vida: una vida eterna. Este proceso habrá de continuar sin cesar hasta el fin de los tiempos cuando Jesús regrese en su gloria. Para poder penetrar en este sagrado misterio, el peregrino deberá pasar primero por el mismo camino por el que pasó la santísima Virgen María.

María de Nazaret, una criatura como nosotros, fue, por singular gracia de Dios, exaltada por encima de todos los ángeles y los santos; la imagen de nuestra Señora del Milenio con sus dimensiones es como un testimonio, un recordatorio de esta gracia única. Concebida sin pecado original y manteniéndose sin mancha de pecado alguno, fue escogida por Dios para ser la Madre del Mesías y Madre del pueblo mesiánico, el pueblo peregrino en el exilio, que no obstante se dirige a su lugar de origen. La santísima Virgen María es el medio absolutamente necesario para que el peregrino alcance un verdadero conocimiento y tenga una verdadera experiencia con Jesús; es ella quien dirige a un pueblo errante; la santa Madre del Verbo encarnado nos guía, pues, hacia una espiritualidad personal en la que descubrimos que somos conocidos y amados por Dios.

La imagen de nuestra Señora del Milenio muestra a la Virgen en posición orante. Es un recordatorio de los momentos en que, cuando estaba en su hogar de Nazaret, el ángel Gabriel la saludó como la elegida por Dios para ser la Madre del Cristo. En la anunciación, María nos enseña a orar.

Y cuando María ora, ante todo y sobre todo se mantiene atenta, sus ojos los tiene fijos en Dios. En segunda instancia, nuestra Señora entrega su vida sometiendo su mente, su cuerpo, su alma y su espíritu a Dios; abandonada en Dios su memoria, su entendimiento y toda su voluntad; en tercera, actúa obedeciendo a la voluntad divina. María, en resumen y con absoluta humildad, demuestra ser una mujer de fe y confianza, y así lo demuestra con su *fiat*, "hágase en mí según tu palabra". Cuando consiente con la voluntad de Dios se realiza en ese instante la encarnación, la Palabra toma carne, toma de la carne de María, y Jesús es concebido y formado en María, la siempre Virgen.

María de Nazaret da su *sí* a nombre y en representación de todo el género humano; pero antes de que los ojos del mundo posen sus ojos en Jesús, Él permanece escondido en el vientre de María. La verdadera arca de la alianza es pues, María; el tabernáculo donde se oculta el Santo de los santos hasta que llegue 'el tiempo', es María. Y así vemos que también la oscuridad del pequeño pueblo de Belén se rinde finalmente ante la deslumbrante luz de un nuevo día: la Virgen María en oración, siempre en constante oración, alimentará al Verbo encarnado durante 30 años hasta que llega el momento de las bodas en Caná de Galilea; ahí, a petición suya, el drama comienza a desenvolverse hasta llegar a la hora tan ansiada.

Fuera de las murallas de la antigua Jerusalén, en la cima del calvario, llega la hora. Es la hora de Jesús; es también la hora de María. Es la hora de la gran misericordia; es la gran hora de la reconciliación que por todos los siglos acuñará un grito: el único grito que por siempre y hasta el día de hoy habría de resonar: "Padre, perdónalos".

Es la hora de las nupcias, de las bodas; es la hora del nacimiento. En el Gólgota, Jesús, el Dios hecho carne se desposa con su pueblo en la persona de María; ella es la novia virgen, sin pecado e inmaculada, que en ese lugar, al pie de la cruz, se convierte en Madre del pueblo mesiánico, cumpliéndose de este modo las palabras del profeta Isaías: "llegada la hora, la Hija de Zion sufre los dolores de parto y da a luz a los hijos que nunca concibió". De la sagrada llaga de Jesús de donde brotó la sangre y el agua, María sufre los dolores del parto; en ese momento está pariendo a sus hijos.

Por todo lo anterior, la mejor manera en que el peregrino puede entrar al santuario de la Divina Misericordia, es por medio de nuestra Señora representada en la imagen; así fue, así es, y así será. Esta es la espiritualidad católica.

Nuestra Señora estimula, pincha, arrea y suplica a un pueblo peregrino para que no se detenga y siga adelante, y lo hace a través de su postura en oración, de su respuesta al llamado de Dios, y de su perpetua contemplación a la misteriosa acción de Dios en su vida y en las vidas de sus hijos. Ella les inspira y alienta para que caminen por la vía dolorosa porque al llegar, encontrarán la fuente de la Divina Misericordia.

María, en el orden de la naturaleza, es una criatura como nosotros; pero en el orden de la gracia, está muy por encima de los ángeles y de los santos. Por la gracia de Dios fue exaltada, y por siempre habrá de contemplar a su Hijo que es su Dios. En virtud de la fuerza poderosa que transmite la imagen de nuestra Señora, los peregrinos se sienten con el valor de dar pasos sobre la misma senda que ella pisó: la perenne contemplación de la Divina Misericordia.

EL PLAN DE NUESTRA SEÑORA

María guía al pueblo peregrino hacia Jesús; caminando con ellos, les ha de mostrar el camino, y ante la invitación de beber de la fuente de la misericordia nadie queda decepcionado. María le aplasta la cabeza a la antigua serpiente e irradiando una luz brillante, permite que veamos lo oscuro de sus decepciones, sus seducciones y de todas las ilusiones que mantienen a sus hijos alejados y engañados de la realidad y de la verdad de Dios. El camino que conduce a la Divina Misericordia es el camino de la cruz, ciertamente difícil, pero nuestra Señora va junto al pueblo que peregrina, guiándolo y manteniéndose siempre como fiel acompañante de todos los que decidan salir de la autopista Kennedy y se aventuren a entrar en el santuario de la Divina Misericordia, en donde se han de saciar de su tremenda sed espiritual; ahí quedarán satisfechos y la corona será haber saciado también la tremenda sed de Jesús por las almas. Éste es el plan de la Madre.

El pueblo peregrino, según los planes de María, deberá beber de la verdadera fuente de la Divina Misericordia, es decir, de la santísima Eucaristía. El fin último del santuario es conducir a los peregrinos a la capilla para adorar y contemplar el Santísimo Sacramento —donde el cuerpo y la sangre, junto con el alma y la divinidad del Señor Jesucristo están verdadera, real y sustancialmente contenidas en él.

Por lo tanto, en el corazón de Chicago, el cielo está tendiendo hacia la humanidad en un gesto de misericordia para encender en el alma el deseo de Dios. Nuestra Señora, el tabernáculo que hace mucho tiempo llevó en su vientre al Santo de los santos, continúa su misión apostólica para que Jesús siga siendo conocido, amado y servido; y para recordarle a un pueblo descarriado y errante, con toda la dulzura, ternura, gracia y la misericordia posibles, que él también es conocido, amado y servido por un Dios vivo.

La Virgen de Nazaret no estaba sola cuando hace dos mil años dio su *fiat* en representación de toda la humanidad; había otros que también esperaban el cumplimiento de las promesas hechas a Abraham. Siempre atentos a la voz de los profetas, eran un pueblo que se mantenía vigilante, a la espera. Las Sagradas Escrituras llaman a este pueblo fiel los *Anawim*, es decir, los pobres de Yahveh, el resto santo, la hija de Sión, y de entre ellos se pueden contar a Elizabeth y Zacarías, Ana y Simeón, y José, el esposo de María, sólo por nombrar algunos; por haberse mantenido vigilantes en su fe, Jesús llegó a la tierra por primera vez, y así como fue entonces, así será cuando Él regrese en su gloria. La santísima Virgen María, de una manera singular y más perfecta, representa a todo el pueblo creyente.

En los evangelios, Jesús hace una pregunta escalofriante: "Cuando el Hijo del Hombre venga en gloria, ¿encontrará fe sobre la tierra?". Nuestra respuesta es *sí*; y decimos *sí* porque recordamos las palabras que pronunció Jesús la noche antes de que lo crucificaran. En su discurso de despedida dirigió sus palabras a su pequeño rebaño, oró al Padre por ellos y por todos aquellos que creerían en sus palabras y testimo· nios, prometiéndoles no dejarlos huérfanos.

Por este motivo y a invitación de nuestra Señora, el santuario de la Divina Misericordia que conduce a la capilla de adoración al Santísimo Sacramento, es un claro testimonio de que las palabras de Nuestro Señor eran verdaderas; Jesús siempre ha estado y siempre estará con nosotros; por eso el santuario y la capilla de adoración constituyen suelo sagrado; un refugio para el pueblo que vigila, un oasis en el desierto de la vida que en este mundo terreno está plagado de pruebas y tribulaciones.

El mundo muestra cada vez más hostilidad al camino de Cristo, y el católico es percibido cada vez más, como un extranjero en tierra ajena; sin embargo, para aquel que camina con humildad solidarizándose con la humanidad pecadora, y para aquel que es genuinamente católico, no se apaga en su interior esa profunda necesidad de mantenerse vigilante, intercediendo y ofreciendo propiciación por los pecados del mundo entero.

Y ya sea que la multitud responda o no a esta ayuda misericordiosa que viene del cielo para saciar la sed de los espiritualmente pobres, no es sino por ese rebaño que se mantiene vigilante, por quien nuestra Señora se preocupa de manera particular, pues son los discípulos en misión; saben que están en el exilio, que son forasteros en tierra extranjera; saben que hay una tormenta en el horizonte: la guerra ya comenzó, la batalla es intensa. Nuestra Señora conoce de sobra la realidad plasmada en el Apocalipsis: "el enorme monstruo, la serpiente antigua, el diablo o Satanás, el seductor del mundo entero, le hace la guerra a los demás hijos de la mujer, a los que guardan los mandatos de Dios y tienen el mensaje de Jesús".

El plan de la Madre es transformar al pequeño rebaño y mantenerlo firme, porque sus miembros son los colaboradores en su misión apostólica, y será ante ellos que el mundo, sin que lo sepa, quedará endeudado. Ellos expían por los pecados y mantienen viva la fe, y a nombre de la humanidad recibirán al Mesías cuando venga en su gloria. Su caminar es solitario, porque es el camino de la cruz, pero Dios está con ellos y María los guiará, pues a ella pertenecen.

Por lo tanto María los atrae, sabia y conscientemente, hacia la fuente de la Divina Misericordia. En el cruce de la autopista de Chicago, en los jardines de la iglesia parroquial de San Estanislao Kostka, les reserva un lugar para que descansen; en este lugar habrán de beber de la fuente de la misericordia. Este es el lugar donde la mística de la Iglesia se teje a sí misma en la imaginación religiosa, para que Jesús sea conocido, amado, y servido.

La imagen de nuestra Señora del Milenio y la imagen de la Divina Misericordia representan la súplica del cielo para que la humanidad regrese a Dios; simbolizan el desposorio entre Dios y la Iglesia, cuya misión primordial es la de proclamar el mensaje de la Divina Misericordia, antes de que Jesús, el Cristo, regrese en su gloria como justo juez. Este es el tiempo de nuestra Señora; es un tiempo de gracia. Este es el tiempo; el único tiempo con el que contamos. Nuestra indiferencia a la súplica de la Madre sería escalofriante... Nuestro silencio sería condenatorio.

Pues bien, hijos míos, óiganme.
¡Felices los que siguen mis caminos!
¡Acepten mi enseñanza y sean sabios,
no la menosprecien!
Feliz el que me escucha,
que aguarda cada día junto a mi puerta
y permanece a la espera, en el umbral.
Porque el que me encuentra
ha encontrado la vida,
sobre él vendrán los favores de Yavé.

Proverbios 8, 32-35

3

NUNCA SOLO EN GETSEMANÍ

18 de agosto de 2001

Jesús, en el Evangelio de Lucas, dice:

> Tengan puesta la ropa de trabajo y sus lámparas encendidas. Sean como personas que esperan que su patrón regrese de la boda para abrile apenas llegue y golpee a la puerta. Felices los sirvientes a los que el patrón encuentre velando a su llegada. (Lc 12, 35-37)

Vigilancia es sinónimo de espera. Desde que consagré mi vida a la santísima Virgen María hace dos años, ella me ha enseñado la necesidad de mantenerme vigilante, esperando pacientemente y con absoluta confianza y total sumisión a la voluntad de Dios.

Decir que mi vida cambió desde el día de mi consagración sería probablemente subestimar tantas gracias. No sólo comencé a meditar la petición de la Santísima Virgen de establecer un santuario a la Divina Misericordia en los terrenos de la parroquia, sino que los ojos de mi alma se abrieron también y pude reflexionar hasta qué punto me había cerrado al poder transformante de la gracia de Dios. Si bien es cierto que la gente me intuye como un sacerdote bueno y fiel a la causa, la consagración me permitió darme cuenta, dolorosamente, que no había puesto toda mi concentración en mi devoción a Dios en cuanto a que la mayoría de las veces era mi propio ego controlando mi vida pese a mi seria consagración a la santísima Madre de Dios; me di cuenta, claro está, de que Dios había recibido mi vida con gran seriedad para poder dar cumplimiento a su único plan y propósito.

La vida que se abandona específicamente a la voluntad de Dios tiene un precio; el costo del discipulado redunda en la purificación de los sentidos a los apegos desordenados del mundo quitando todo impedimento para la amistad con Dios. Aún cuando este apego no sea a las criaturas, cosas o ideologías contrarias a Dios, morir a uno mismo es una profunda aniquilación personal y espiritual que se va dando en un proceso paulatino y que además, es causa de intensos sufrimientos. Lo único que me inyecta el valor necesario para no resistir a los sacrificios que Dios en un momento dado me pide, es saber que Jesús aceptó total y voluntariamente su propia muerte; de esta forma puedo conformar mi voluntad con la suya. Es causa de inmensa alegría saber que soy conocido por Dios y que he sido llamado para mantenerme en su divina voluntad, y esto es lo que me sostiene en el jardín del dolor.

Cuando hace casi dos años realicé la primera de mis tres peregrinaciones a Tierra Santa, escuché a Jesús llamándome a entrar en Getsemaní; tenía sólo dos meses de haber confiado mi vida a la santísima Virgen María y antes de que comenzaran a desarrollarse los eventos en torno a la devoción de la Divina Misericordia. En aquel viaje a Tierra Santa en noviembre de 1999, la oscuridad interior comenzó a envolverme.

INTIMIDAD CON CRISTO

Llegando a Tel Aviv tomé un taxi para ir a Tiberíades donde me encontraría con los peregrinos a quienes guiaría espiritualmente. Después de haberme presentado con el taxista me dijo que me sentara y me relajara; era la hora pico y me dijo que probablemente el recorrido hasta Tiberíades tardaría por lo menos dos horas. Me acomodé en el asiento trasero, cerré los ojos y me adentré en la oscuridad; me sentía solo y abandonado. Como a la media hora, en silencio le rogué a Jesús que me librara de aquella oscuridad y soledad que había soportado tanto tiempo, pero más tardé en hacer la petición que el taxista en romper el silencio. Me dijo: "Antonio, no te preocupes; tu primera visita a Tierra Santa, el buen Dios concederá tu deseo". Naturalmente me sobresalté, parecía haberme leído el pensamiento.

Me contó que según la tradición, para aquellos que visitan por vez primera Tierra Santa, el buen Dios les concede todo lo que le pidan, siempre y cuando la petición se coloque en el Muro de las lamentaciones. Luego me contó su propia experiencia a este respecto: él era un judío llegado de Francia, y habían pasado doce años desde su primer viaje a Tierra Santa; en el Muro de las lamentaciones le había pedido al buen Dios que le enviara una esposa; le pidió que fuera una israelita virgen, y también le pidió, aunque tímidamente, que se llamara Denise. Dos años después de regreso a Francia, conoció a una mujer israelita: era virgen y se llamaba Denise; su petición acabó cumpliéndose cuando al poco tiempo se casaron y se fueron a Tel Aviv donde viven actualmente.

Me identifiqué espiritualmente con ese taxista, compartimos muchas cosas e, incluso, nos paramos a cenar para poder prolongar el viaje a Tiberíades. Al llegar al hotel le di las gracias y le dije que estaba muy agradecido con Dios por haberme puesto en su taxi; me contestó que él sentía lo mismo, había tenido poco trabajo y hasta le había llamado a su esposa para decirle que el día había resultado improductivo, a lo que su esposa le había contestado: "no te preocupes, el buen Dios proveerá". Colgando el teléfono me había encontrado pidiéndole que me llevara a Tiberíades: el buen Dios le había proporcionado el salario del día y yo, gracias a los sabios consejos de este buen hombre de Dios, había encontrado consuelo.

Siguiendo el consejo del taxista, dejé mi petición en el Muro de las lamentaciones. Me parece que la razón por la que en los últimos años me he sentido intrigado por el tema de la guerra espiritual, es porque la he experimentado interior y exteriormente a niveles muy profundos; mi consagración a la santísima Virgen María me había puesto en la línea de fuego, en plena batalla, y como es natural no quiero estar solo en este combate, por lo que una de mis peticiones a Dios en el Muro de las lamentaciones, fue que me enviara a alguna persona para que librara conmigo esta batalla.

Ahora que puedo reflexionar sobre todo lo acontecido en Tierra Santa, me parece ver claro que Jesús me estaba preparando. De todos los lugares religiosos que visité, el que más me conmovió fue Getsemaní. Estar en el mismo lugar donde Jesús vivió y sufrió su agonía, la traición y el arresto, inspiró en mi alma la súplica a Jesús para que me permitiera acompañarlo en el huerto; deseaba con todo el corazón unirme lo más íntimamente posible a Cristo y acompañarlo en sus horas más oscuras; Jesús me aseguró que así sería.

El Señor me estaba preparando para "sudar sangre" y para transitar por el solitario camino de la purificación interior, pero ahora me doy cuenta de que no sería yo quien lo acompañaría, sino que sería Él quien me haría compañía; respondía así a mi deseo, pero no exactamente como yo lo esperaba; sería Él, y sólo Él quien me habría de acompañar en las trincheras para librar la batalla, y yo tendría que aprender a caminar con fe y depositar toda mi confianza en Él.

Si estoy siendo purificado, es porque mi voluntad y la voluntad de la parroquia todavía no están conformes con la voluntad de Dios. Por mi parte estoy consciente de que debo seguir disminuyendo, soltándome y muriendo a mí mismo; en pocas palabras, es lo que requiere el plan de nuestra Señora. Jesús debe crecer, debe ser encontrado, debe vivir. San Juan dice claramente: "el mundo y sus vanidades están pasando, pero el que hace la voluntad de Dios permanece para siempre".

Mis frecuentes faltas a Jesús y María me provocan gran tristeza en el alma quitándome la paz interior; pero ellos, al permanecer amorosamente fieles me causan una enorme dicha. El cielo, sabiendo cuán frágiles, débiles y miserables somos, nos trata con misericordia esperando pacientemente y creyendo más en nosotros que nosotros mismos.

La santificación, que es la obra de Dios en nosotros, es indudablemente una obra santa. He aprendido que por mis propios medios no puedo hacerme santo, sino que debo cooperar con la gracia de Dios que va transformando mi vida lenta y misteriosamente. Pero se requiere una adecuada disposición que sólo se logra a través de la constante oración; la oración que espera, y la espera debe ser paciente y expectante para que Dios haga lo que se ha propuesto en el tiempo que se lo haya propuesto.

En mis oraciones pido la gracia de ser aquel siervo bendito a quien el Maestro encuentra vigilante a su regreso; reconozco que como párroco mi deber es abrir la puerta sin demora cuando Él llegue y toque la puerta. Aquí, en San Estanislao Kostka, están acaeciendo sucesos totalmente singulares, y nuestra Señora continúa preparando el camino en perfecta conformidad con la voluntad de Dios; por lo que a mí respecta, sigo caminando en fe.

Hollywood y Santa María Faustina

Si bien es cierto que el huerto del sufrimiento es una realidad que cala lo más hondo y que solamente Jesús, el Redentor, es quien siempre me levanta; también es cierto que el camino de fe lo comparten otros que, en lo más profundo de su alma escuchan un llamado y se deciden a responder con todo el corazón y generosamente. La petición de la santísima Virgen María de construir un santuario ha sido un llamado para que otros también entren en su historia.

Gracias a Dios cuento con el apoyo de otras personas cuyos ojos y oídos están abiertos a la misma visión y al mismo llamado, y según se va desarrollando la historia, nos damos cuenta de la imperiosa necesidad de mantenernos pacientes y perseverantes en la oración santificando la vida personal y al mismo tiempo intercediendo sin cesar para que Dios derrame su misericordia en todo el mundo. El proyecto general de la construcción se va expandiendo, por lo que puedo darme cuenta de que el santuario de la Divina Misericordia no estará terminado para el 8 de septiembre como yo lo había esperado; los $135.000 dólares prometidos siguen resguardados en la Arquidiócesis, y con toda seguridad no se podrá disponer de ese dinero hasta que no se tenga bien asegurado el financiamiento total del proyecto.

En mis reflexiones anteriores mencioné a Oscar Delgado, ex corresponsal de guerra a quien la cadena de noticias NBC mandó a cubrir los conflictos en Latinoamérica, el Golfo Pérsico y Bosnia-Herzegovina. Cuando vivía en México, Oscar se ganó la lotería mexicana y, siendo un hombre de fe, esperó a que Dios le indicara lo que debía hacer con el dinero.

Parte de la misión que tenía asignada en el Golfo Pérsico, era conseguir una entrevista con Sadam Hussein en la noche de Navidad, a unas cuantas semanas de que estallara la guerra; luego lo enviaron a cubrir la guerra de Bosnia-Herzegovina, ocasión que aprovechó para visitar el pequeño pueblo de Medjugorje, lugar donde se reclaman las apariciones de la santísima Virgen María a unos jóvenes el 24 de junio de 1981, fiesta de San Juan Bautista; las apariciones continúan hasta el día de hoy.

En Medjugorje, Oscar tuvo una experiencia religiosa personal; sintió que Dios le pedía invertir el dinero que había ganado en la lotería mexicana para difundir el mensaje profético de la Divina Misericordia que Jesús le dictó a Santa María Faustina; desde entonces, Oscar ha colaborado en la construcción de varias capillas de adoración en todo el mundo y se ha valido de todos los medios a su alcance para difundir el mensaje de Jesús. En otro de sus esfuerzos por promover la Divina Misericordia, Oscar fue quien donó la imagen de bronce de la Divina Misericordia de 5 mts. a colocarse en el santuario que se planea construir en la parroquia de San Estanislao Kostka.

Oscar dejó de colaborar para la NBC hace algunos años para convertirse en productor ejecutivo de dos programas de radio "Night Flight" (Vuelo de noche) y "The Road Less Traveled" (El camino menos transitado), que se transmiten por la Estación Católica de la Familia (Catholic Family

Radio). También es productor de Hollywood, y recientemente estrenó su primera película en la pantalla grande que, aunque de corte secular, contiene un mensaje moral; la intención de Oscar al hacer la película "The Learning Curve" (la curva del aprendizaje), distribuida por la Empresa MGM-OCE, es la de valerse de los altos valores de producción, como un trampolín para incursionar posteriormente en películas de corte religioso.

Las salas de exhibición Marcus, AMC, Loews y Regal habían anunciado el estreno mundial de la película de Oscar para el 5 de octubre y, aunque inadvertidamente para ellos, era la fiesta de Santa María Faustina. Como la mayoría de las actividades que realiza Oscar son esencialmente para la difusión del mensaje de la Divina Misericordia, la fecha escogida para estrenar su película no se tomó como mera coincidencia, sino más bien como 'diocidencia': los que caminan en fe, pueden reconocer la providencia de Dios hasta en los más pequeños detalles de la vida diaria.

Había mencionado anteriormente la posibilidad de que tuviéramos la imagen de nuestra Señora del Milenio a la entrada del santuario de la Divina Misericordia, pero han surgido discrepancias con respecto al lugar permanente de esta imagen peregrina. Es entendible que sean varias las parroquias las que busquen tener a la Madre representada en esta colosal imagen.

Lo que sí es seguro, es que a la entrada del santuario deberá estar una imagen de nuestra Señora; por lo que en el supuesto caso de que San Estanislao Kostka no sea la parroquia designada como hogar permanente de la imagen del Milenio, he estado meditando la posibilidad de tener una imagen de bulto de la Patrona de las Américas: nuestra Señora de Guadalupe.

Nuestra Señora prepara el terreno

Otra de las personas que providencialmente ha puesto pie en esta historia de nuestra Señora es Gloria Hernández. La primera vez que conocí a Gloria fue cuando llegó a la parroquia como instrumento de la providencia de Dios, sin que ella lo supiera; en ese entonces estaba siendo presionado para que se difundiera y publicara la próxima llegada de la imagen de la Divina Misericordia que venía de México. Era mayo, mes en que normalmente la parroquia está atestada de trabajo, y agobiado por otros múltiples asuntos, no podía rendirme a la presión de publicar el evento que se aproximaba. En verdad era en lo último que pensaba y, sin embargo, no podía estar tranquilo.

Un viernes por la noche al terminar de celebrar Misa y aún sintiéndome estresado por la responsabilidad de publicar la llegada de la imagen, compartí con los feligreses la historia de la Divina Misericordia, y les mostré las primeras fotos de la imagen que me habían llegado unos días antes; había notado que una mujer a la que no había visto anteriormente, escuchaba atentamente. Al terminar yo de hablar, se presentó conmigo y me dijo que se llamaba Gloria Hernández. Me dio su tarjeta de presentación y me quedé atónito al leerla y constatar la forma en que la providencia divina va haciendo sus obras; sin que pudiera evitarlo, suspiré aliviado: Gloria era Directora hispana de comunicaciones de la Arquidiócesis de Chicago, me explicó que aquella noche había planeado ir a Misa saliendo de trabajar, y como estaba cerca del centro, había decidido ir a San Estanislao Kostka.

Gloria cubrió generosamente la llegada del Señor de la Misericordia, escribiendo un amplio reportaje en la prensa católica; gracias a sus esfuerzos, todos los eventos en torno a la imagen se publicaron en primera plana del periódico *Chicago Católico*. En el tiempo coincidían, por un lado, la llegada de la imagen; y por el otro, la muerte de Carl Demma que también había sido motivo de inspiración para que se publicara un artículo de primera plana en el periódico *Chicago Tribune* relativo a la mística en la iconografía, así como la historia de la Divina Misericordia. Como es de suponer, estas publicaciones captaron la atención de los medios seglares y religiosos, pero para mí, todo esto no era una coincidencia sino la humilde manifestación de la gracia de Dios que conoce a fondo nuestras limitaciones humanas.

Había pasado más de un año desde la llegada de la imagen y no había vuelto a saber de Gloria; de hecho, tenía como año y medio de no hablar con ella y la última vez que la había visto, había sido durante la bendición de la imagen; por eso me sentí feliz cuando la vi haciendo oración con nosotros durante la hora de la gran misericordia. Estaba deseoso de ponerla al tanto de los acontecimientos sobre el santuario, y le conté algunas anécdotas de la historia. Mientras yo hablaba, ella sólo sonreía; algo en sus ojos me decía que seguramente la santísima Virgen María había hecho arreglos para ese encuentro.

Gloria me comentó entusiasmadamente lo que había estado haciendo durante el último año: coordinar y dirigir la peregrinación del cardenal Francis George a México para la fiesta de nuestra Señora de Guadalupe. Como resultado de la peregrinación, ella y otros voluntarios habían organizado un grupo llamado "Comité de solidaridad Juan Diego", con el fin de ayudar a los niños indígenas de México. Como ya dije anteriormente, Juan Diego fue el indígena mexicano a quien nuestra Señora se le apareció en el cerro del Tepeyac en 1531; y es ahí mismo, a un costado de la colina de las apariciones, donde se encuentra la basílica de nuestra Señora de Guadalupe, el santuario mariano que atrae más peregrinaciones por año que ningún otro santuario católico alrededor del mundo.

La Iglesia mexicana había donado a la Iglesia norteamericana unas enormes piedras cortadas del cerro del Tepeyac; algunas se habían destinado a un santuario en construcción dedicado a nuestra Señora de Guadalupe en la ciudad de Los Angeles, California, y hacía poco tiempo que la Iglesia había designado como responsables de las piedras en Los Ángeles, al Comité de solidaridad Juan Diego. Gloria, cada vez más intrigada por la historia que se iba develando en San Estanislao Kostka, sugirió la posibilidad de llevar algunas de esas piedras al Santuario de la Divina Misericordia y que sirvieran de base y decoración para la imagen de nuestra Señora de Guadalupe.

En nuestros tiempos, las palabras que nuestra Señora le dijo a Juan Diego en el cerro del Tepeyac hace casi 500 años, vuelven a resonar con renovada urgencia: *"Mucho quiero, mucho deseo que se me erija aquí una casita, para que en ella pueda yo mostrar y dar todo mi amor, mi compasión, mi ayuda y mi auxilio, pues yo soy vuestra Madre de misericordia. A ti y a todos los moradores de estas tierras y a todos aquellos que me aman y ponen su confianza en mí, sepan que escucho los lamentos de mis hijos y vengo a aliviar sus miserias y sus dolores"*. Verdaderamente, hay muchísima miseria y dolor, y yo, como sacerdote, lo puedo constatar todos los días en la vida de nuestra gente; cómo muy a menudo los ojos de las personas delatan una profunda tristeza, un torbellino interior que al parecer carece de cualquier esperanza o alegría.

Ciertamente, yo tampoco me escapo de la tristeza y mortificación interior, pero tengo la firme esperanza de que la batalla que se libra en mi interior es parte de una purificación necesaria que antecede a una profunda y genuina santidad de vida. A diario vivo con el inmenso deseo de que Jesús reproduzca su vida en la mía y además he querido ser tan atrevido como Santa Teresa de Lisieux, al decir con firme convicción, que quiero ser santo.

La Madre Teresa de Calcuta fue la que nos vino a recordar que la santidad no era el privilegio de unos cuantos, sino el deber de todo el pueblo de Dios. Cuando admitimos nuestro deseo de ser santos, es cuando hemos comenzado a caminar con humildad; sin embargo, hoy más que nunca necesitamos la ayuda celestial, y no cabe duda de que la estamos recibiendo. La santidad es la mayor obra que Dios pueda hacer en nosotros, y el sólo hecho de saber que estamos destinados a compartir plenamente la santidad de Dios, constituye ya un alivio para nuestra vida llena de miserias y dolores en tanto que pasamos por el exilio.

La televisión: ¿instrumento de nuestra Señora?

Hoy es lunes 20 de agosto, fiesta de San Bernardo. Terminé las reflexiones anteriores el sábado por la tarde, y como de costumbre, me enfoqué en mis responsabilidades pastorales en la parroquia y hacia los feligreses, mientras que la historia del santuario sigue su curso. A pesar del poco tiempo libre que me queda durante un día de trabajo, no puedo ser negligente con mi vida de oración y continuaré escribiendo hasta que la inspiración queme mi alma. Creo que lo que está sucediendo aquí en la parroquia no está destinado sólo para mi reflexión personal. Ésta es la historia de nuestra Señora y todos somos instrumentos de su plan; y ya que acepto esto con fe, me siento obligado a seguir contando la historia.

Con frecuencia me pregunto cómo hacer para asegurar patrocinadores potenciales y que el santuario pueda ser financiado, pero confío en que la santísima Virgen María ha de proveer los medios y la gente necesaria para que su llamado fructifique abundantemente. Algunas personas han sugerido que se difunda la historia en los medios de comunicación, pero debo admitir que le tengo fobia a las cámaras. Como todo solitario introvertido, procuro evitar ese tipo de actividades. Me siento plenamente feliz de ser un vehículo que reza y escribe, que dialoga con nuestra gente, que puede decir homilías y tiene contacto personal con los demás; pero siempre invito a quien se sienta llamado a este carisma para que colabore con la causa. Yo prefiero permanecer oculto y absorto en la misión apostólica de la parroquia, y a decir verdad, incluso preferiría seguir los deseos de mi corazón y estar en absoluta oración y soledad en lo alto de una montaña en Francia, envuelto por el silencio de una ermita que alguna vez visité en ese lugar.

Hace unos días tuve una experiencia que, como mencioné anteriormente, para algunas personas podría parecer mera coincidencia, pero para mí es una manifestación más de la providencia de Dios: el sábado por la noche estaba celebrando la Misa, y como había poca gente, de inmediato me percaté de una pareja que entró en la iglesia poco después de haber iniciado; se sentaron como a doce filas del ambón y creo que eran las únicas personas sentadas de ese lado; no recuerdo haber visto a otras y a esta pareja nunca la había visto.

Durante la homilía y teniendo a la pareja casi frente a mí, comencé reflexionando sobre todas las cosas casi diabólicas que se divulgan por la televisión: la gran indiferencia ante la propagación de ideas, comportamientos y el lenguaje que utilizan los medios de comunicación, que además de todo, son totalmente contrarios a nuestros valores y principios judeocristianos; les hacía notar cómo en la actualidad y en la mayoría de los hogares, hay sofás y reclinatorios alrededor de los televisores dando la impresión de que la televisión se ha convertido en la suprema autoridad que gobierna nuestra vida. Creo que nuestros abuelos "se revolcarían en sus tumbas" de ver las imágenes y sonidos que son el alimento cotidiano de las mentes, los corazones, los cuerpos, y las almas de esta generación.

Luego comenté que yo tenía dos años de no ver televisión, desde que me había consagrado a nuestra Señora, y que las únicas ocasiones en que de pronto alcanzaba a ver algo, era en el gimnasio donde hay seis televisores que simultáneamente transmiten seis estaciones diferentes; el colmo es que el único sonido que ahoga el ruido de aquellos televisores, es el radio que ponen a todo volumen, experiencia que, francamente, resulta nauseabunda. Estoy seguro de que durante la homilía, bien pude haber comparado a la televisión con el anticristo.

Al terminar la Misa, la pareja visitante se me acercó y me dio las gracias por la Misa y me dijo que la iglesia les parecía muy hermosa, que ambos habían sentido algo especial al estar ahí; les agradecí haber venido y les pedí sus oraciones. No me dilaté explicándoles nuestro camino de fe, excepto que nuestra Señora nos guiaba y que nuestro deseo era ser fieles y firmes en la batalla espiritual por la que atravesábamos y que en ocasiones llegaba a perturbar nuestra paz en gran medida; les di algunas de las reflexiones escritas que describen los acontecimientos en la parroquia, pero el caballero ya las había recogido al entrar a la iglesia.

Se presentaron como John y Mary Ambull, directores de la cadena de televisión "Catholic Views" (Panoramas católicos); que transmite seis horas de televisión católica en EWTN, la cadena de televisión de la Palabra Eterna. Estaban de paso y se dirigían a Mokena, Illinois, y al transitar por la autopista Kennedy habían visto la iglesia y decidido salirse; al despedirse, el Sr. Ambull me dijo: "estaremos en contacto".

Si bien la televisión tiene partes muy negativas gobernadas esencialmente por la lujuria de la carne que es contraria al espíritu, también es cierto que tiene el enorme potencial de hacer mucho bien; la Santísima Virgen, en completa conformidad con la voluntad de Dios, se vale de todos los medios a su disposición para traernos a Jesús y llevarnos hacia Él.

Ustedes son la luz del mundo:
¿cómo se puede esconder una ciudad
asentada sobre un monte?
Nadie enciende una lámpara
para taparla con un cajón;
la ponen más bien sobre un candelero,
y alumbra a todos los que están en la casa.
Hagan, pues, que brille su luz ante los hombres;
que vean estas buenas obras,
y por ello den gloria al Padre de ustedes
que está en los Cielos.

Mateo 5, 14-16

4

SEDUCIDO POR CRISTO

23 de agosto de 2001

Después de que impartí tres días de conferencias a las Misioneras de la Caridad, nuevamente me veo reflexionando sobre las palabras que la Madre Teresa le escribió a un sacerdote:

> Le dijiste 'sí' a Jesús, y te tomó la palabra. La Palabra de Dios se convirtió en Jesús, el pobre, y de ahí que experimentes ese terrible vacío. Dios no puede llenar lo que está lleno. El sólo puede llenar lo que está vacío, la profunda pobreza, y tu 'sí' es el inicio de ser o estar vacío. En realidad, no se trata de lo que 'tengamos' que dar, sino de cuán vacíos estemos por dentro. Deja que Jesús sea en ti víctima y sacerdote.

Después de dieciséis años como sacerdote, casi me apena admitir que estoy comenzando a vaciarme de mí mismo; no cabe duda que Dios ha sido muy paciente conmigo, aunque al mismo tiempo, y aparentemente para obligarme a someterme, me ha infligido heridas. Cuando miro en retrospectiva lo que ha sido mi vida, veo con gran claridad cómo la mano de Dios me ha ido guiando desde mi infancia; y también veo que a pesar de que en lo más profundo de mi alma siempre ha estado el gran anhelo por Cristo, me he resistido a descender a mi nada y reclamar el tesoro escondido. Sabía que ahí estaba, sabía que era mío, y sabía que siempre estaría ahí.

Cuando a los veintiún años entré al seminario era muy ingenuo y sumamente idealista, por lo que al ver la realidad que me rodeaba, me sentí desgarrado porque me di cuenta de que tendría que enfrentarme al gran reto de sortear terribles contradicciones que, por lo demás, iban contra los ideales que me consumían interiormente; es decir, una santidad de vida, la renuncia de sí mismo y el celo por difundir la fe; de pronto todo esto se veía obstaculizado por una psicología prevaleciente en aquellos días que daba exagerado énfasis a la atención de la persona misma, al yo, y a una falsa promesa de resurrección que pasaba por alto los dolores del calvario.

Las imágenes del sol radiante, el cielo azul, los pastos verdes y las flores de colores, había sido como el gancho que cautivara la atención de la Iglesia posconciliar del Vaticano II, etapa conocida como de la gran "liberación" de sacerdotes y religiosos, logrando que muchos dejaran de lado lo que veían como el yugo de un "régimen opresivo", en espera de saborear una identidad fresca, nueva, y recién descubierta.

Por mi parte, no podía más que identificarme con Jesús crucificado: Él era mi consuelo. Ya en el seminario, aquel Jesús que anteriormente me había seducido y atraído parecía lanzarme a lo más alto del cielo para luego dejarme caer en un millón de pedazos; ese primer año lo único que me sostuvo fue una fotografía que había visto en un libro: se había convertido en mi ícono y todos los días meditaba con esa imagen que mostraba a un hombre totalmente cubierto de heridas yaciendo medio muerto en las calles de Calcuta, y a la Madre Teresa sosteniéndolo para levantarlo. En mi mente, yo era ese hombre y ella era Cristo.

Durante los nueve años que estuve en el seminario, siempre busqué refugio en el Santísimo Sacramento. Allí, en el silencio de mi corazón, Jesús no sólo me sostuvo, sino que me aseguraba que estaba conmigo, que me necesitaba y que Él sería mi instructor; y así fue. De no haber cumplido Jesús con su promesa, yo jamás habría permitido que me ordenaran como sacerdote y tampoco habría profesado votos públicamente como un religioso de la Iglesia.

Sintiéndome pues, totalmente fuera de lugar con normas predominantes que secularizaban la vida religiosa y sacerdotal, intenté dolorosamente dejar a un lado mi idealismo y sublimar mi ingenuidad; lo intenté, pero no pude. La ingenuidad, en términos generales, pasó casi por completo, pero el idealismo continúa consumiéndome.

El lenguaje, las actitudes y los estilos de vida en la escena religiosa de aquella época me habían dejado sintiéndome un poco raro y fuera de lugar; intimidado por un sinnúmero de sacerdotes y religiosos inteligentes y elocuentes, me sentí obligado a morir a mis ideales. Sin embargo, y a pesar de estar a punto de lograrlo, el idealismo volvía a surgir seduciéndome abrumadoramente. El ideal al que me refiero es el de una vida total y exclusivamente consagrada a Cristo; el poder llegar a decir con San Pablo: "ya no soy yo quien vive, sino Cristo el que vive en mí".

Descenso a la nada

Aunque como seminarista sentía desilusión por esas actitudes que al modo secular reinaban en la vida religiosa y sacerdotal, en el Santísimo Sacramento Jesús me iluminaba invitándome con gran suavidad a descender hasta aquel lugar a donde yo no quería ir: a la nada total.

Creo que cuando el joven rico le preguntó al Señor qué debía hacer para heredar la vida eterna, Jesús lo invitó precisamente a ese lugar; y luego cuando Jesús le preguntó si había guardado los mandamientos, el joven le respondió que desde su infancia, Jesús le pidió que vendiera todas sus posesiones, se las diera a los pobres y lo siguiera; al escuchar esto, el joven rico se entristeció y se alejó. A pesar de ello, el Evangelio dice que Jesús lo miró con amor: Jesús sabía que el joven rico regresaría.

La invitación de Jesús a descender a la nada y desde ahí reclamar el tesoro escondido, nos la hace llegar a todos de una manera o de otra, y sólo Él sabe el momento oportuno para cada alma; por lo pronto y mientras vamos luchando con la idea de abandonarnos a nosotros mismos, Él jamás deja de mirarnos con gran amor.

Y aunque tuve que librar varias contiendas con lo que parecía inevitable, no había llegado aún mi momento de descender realmente a mi propia nada. Los nueve años tan difíciles que pasé formándome como seminarista, fueron totalmente contrastantes con los primeros seis años de sacerdote, puesto que eran como una prolongada luna de miel; a pesar de todo, he tenido la gracia de recibir sobrados consuelos en la oración durante los tiempos difíciles del seminario, así como en medio de la dicha de mis primeros años de sacerdocio. Solamente al haber sido asignado a la parroquia de San Estanislao Kostka, fue que sentí un repentino cambio en mi vida de oración, y cuando dio inicio a lo que sería una larga estancia en el desierto.

Los feligreses me recibieron con mucho cariño, y el hecho de haberme aceptado con todo y mis limitaciones, me ha volcado a ser más humilde; casi siempre me siento indigno de las atenciones que recibo de ellos, pero también me causa una gran alegría y esto me ayuda a sostenerme. Por ellos, y también por mí, quiero descender a la nada para que Cristo pueda serlo todo; quiero amarlos con su amor; quiero ver a los feligreses con los mismos ojos de Jesús cuando miró al joven rico alejarse triste porque tenía muchos bienes.

Con este cambio tan radical en mi trabajo, me convertí como en una criatura que tiene que aprender a comunicarse en un idioma ajeno al suyo; los hispanos siempre me agradecieron que yo hiciera grandes esfuerzos por aprender su idioma. El tiempo que transcurrió sin poderme comunicar con ellos probó ser de una gracia enorme, pues de continuo me sumía en la humillación. Esta situación no me causaba ningún dolor a pesar de ser lo que más trabajo me ha costado. Lo que sí resultaba devastador era que Dios se ocultaba en mi vida de oración; parecía que Dios ya no me quería, y fue el inicio de una intensa lucha interior de tener que confiar en la presencia de Dios a mi lado, aunque yo sólo sintiera un abismo que se abría en mi alma.

Y mientras me debatía por la *aparente* ausencia de Dios, sentí fuertemente la atracción de la carne. Estaba haciendo un retiro en el Cenáculo, cercano al parque Lincoln de Chicago, a unas cuadras del lago Michigan, y por varios días me sentí atormentado y seducido por el deseo de cosas contrarias a los límites que impone mi vocación religiosa.

Caminando por los vecindarios del parque Lincoln y por la playa, observando a la gente bañándose en el sol, a las familias jugando o los enamorados caminando abrazados por el parque, sentí como si un gran peso descendiera hasta el abismo que traía en el interior: me imaginé viviendo en uno de esos bellos edificios de piedra que, en forma muy alineada, adornan las calles del parque Lincoln, gozando de una noche tranquila y disfrutando la privacidad de mi propio jardín trasero; casi me podía ver en compañía de familiares y amigos reunidos alrededor de una parrillada.

Mi anhelo y, podría decir que hasta codicia, de tener esas cosas que en sí son buenas, duró varios días, hasta que nuestra Señora me sacudió violentamente de mis meditaciones cuando escuché que me decía amablemente: "pero eso no es para ti". En ese momento, volví a la realidad y en mi interior, nacía nuevamente el deseo de los sacrificios impuestos para cumplir con el plan que Dios tenía para mi vida; es decir, caminar en intima unión con Jesús; reclamar el tesoro escondido; y pese a esos deseos de sacrificio, Jesús permanecía escondido y silencioso.

Ya habían transcurrido como ocho meses desde mi llegada a la parroquia de San Estanislao Kostka, cuando para el mes de abril, estaba convencido de que Dios me había abandonado, que quizás mi vocación a la vida sacerdotal y religiosa había sido producto de mi propia creación, y que si en realidad Dios me había necesitado alguna vez, ahora parecía ya no hacerlo. Rogaba mucho para tener un poco de alivio a mi tormento interior, pero Dios permanecía callado. Recuerdo perfectamente que un domingo mientras celebraba la Misa y a la hora de elevar la hostia, le grité silenciosamente: "¡Dios mío , me estás matando!; literalmente, me estás matando".

Un mes después y al borde de la desesperación, llamé al Padre Bob Sears, un sacerdote jesuita que había conocido un mes antes mientras impartía un retiro. Providencialmente al marcar el teléfono, me contestó él, y una hora más tarde me encontraba sentado en su oficina. Antes de poder decir una sola palabra, me encontré llorando como un niño, y recordé la experiencia que había tenido al elevar la hostia; casi abruptamente repetí las mismas palabras; estaba completamente seguro de que Dios ya había tenido suficiente conmigo, que por su parte todo estaba concluido, que hasta ahí había llegado todo. De verdad, yo sentía que Dios me estaba matando.

Cuando me hube calmado un poco, el sacerdote finalmente abrió la boca para decirme que, efectivamente, Dios me estaba matando; y que también era verdad que había matado a su propio Hijo; y que irremediablemente tendría yo que morir. Me aseguró que de ninguna manera Dios había dado por concluida su obra en mí, sino que apenas empezaba; esas palabras me liberaron. Creo que desde ese día, comencé mi descenso a la nada.

EN LO OCULTO DE DIOS ABUNDA LA GRACIA

Este silencio de Dios en mi vida de oración, habría de durar casi diez años. Para saciar mi sed y mi hambre de Dios, se me ofrecía únicamente la tierra seca. En medio de la desolación, sólo en la santa Misa me sentía extrañamente consolado y sustentado por Jesús crucificado. El altar se convirtió para mí en un refugio, un lugar donde yo me sentía protegido y comprendido y cada vez más se convertiría en un lugar solitario, pero preferido por encima de cualquier otro; en el altar me quemaba el deseo de ser nada para que Jesús pudiera serlo todo.

No soy, admitidamente, lo que la gente denominaría como un orador con talento; en ocasiones mis homilías resultan poco refinadas y quizás demasiado largas y dispersas. Regularmente experimento gran fatiga al celebrar Misa y trato de sobreponerme a estos defectos, aunque no lo consigo muy a menudo. De cualquier manera, en la Misa sé que estoy unido a Dios y que Él está ahí, cerca de mí.

A pesar de que hacía mi oración en constante sequedad, parecía que de alguna manera Dios me llevaba a experimentar tragedias que me rompían el corazón; muchas son las historias que podría contar a manera de ejemplo, pero una en particular será suficiente para este propósito.

El 15 de septiembre por la mañana, festividad de nuestra Señora de los Dolores, llevaba a nuestra secretaria de cincuenta años de edad al trabajo; escuchábamos las noticias en la radio cuando de pronto dieron una noticia que me llenó de horror: cinco niños habían muerto en un incendio en Cícero, un suburbio de Chicago. De inmediato apagué la radio, pero me sentía profundamente relacionado con esa familia; no tenía ni idea de quiénes eran, pero de alguna manera presentí que me vería involucrado en esta tragedia.

Durante todo el día no pude sacar de mi mente este pensamiento, y serían alrededor de las siete de la noche, cuando recibí una llamada de una mujer que asistía a la parroquia de San Jacinto, mi asignación anterior, y me preguntaba si yo podría asistir a la familia de Colleen Poull durante el funeral y el entierro de sus cinco hijos. Tony, su esposo, estaba inconsciente en un hospital con los pulmones dañados por el humo; Colleen estaba en el trabajo cuando había ocurrido el incendio... Sólo de pensar en ir y presenciar tan horrible dolor, mi ser entero se resistía, pero sabía que no podía negarme.

Entonces la presencia de Jesús me llenó de fortaleza, y también fue Él quien confortó aquella madre dolorosa no sólo por el infinito dolor que sentía por la muerte de sus cinco hijos, sino también por la del esposo, porque a los dos días de que se ofició la Misa de los niños, inesperada y repentinamente Tony fallecía también; el entierro de los niños se había retrasado unos días porque esperaban que la salud de Tony le permitiera estar presente. En cambio, Tony se unió a ellos y su cuerpo, junto con el los de los pequeños, regresaban al polvo de la tierra. El entierro fue el mismo día en que se celebra la festividad de los Santos Arcángeles, como un claro recordatorio de que estamos destinados a compartir la infinita presencia del Dios inmortal y que los sufrimientos de esta vida eventualmente darán paso a una alegría perenne cuando el velo que nos oculta a Dios se levante para siempre.

Mientras esperaba que ese velo también se levantara de mi vida de oración, seguía en el desierto, inmerso y vacilante entre las alegrías y las tristezas de los demás; porque suele sucederle a cualquier sacerdote que, como en mi caso, en un momento dado puedo estar rodeado por el dolor que causa la muerte violenta de un joven; y una hora después, ser testigo de la alegría de una pareja que consagra sus vidas en matrimonio; y ese mismo día, atender a una mujer que inconsolable me dice que su esposo le es infiel y que su familia, abandonada con tres hijos pequeños, ha sido totalmente destruida; por si esto fuera poco, a la entrada de la iglesia me encuentro con un feligrés que se siente lastimado, y me acusa a boca jarro de estarle dando gusto a los fieles hispanos a expensas de otros grupos parroquiales; y antes de poder abrir mi boca, entran justo en ese momento unas personas que observan el espectáculo y que muy probablemente entraban por primera vez en años a una iglesia; hay goteras en el techo, y yo me pregunto si habrá suficiente dinero para pagar las cuentas; me tengo que preparar para la homilía de la noche, y faltan quince minutos para que comience la Misa.

Terminó el día; las puertas están cerradas con llave y yo me voy a mi habitación dirigiéndome hacia la capilla; otra vez voy a mi cuarto y de nuevo a la capilla. Jesús guarda silencio. En la aparente ausencia de Dios, vuelvo a sentir muy fuertemente la atracción de la carne —el deseo por las cosas temporales de este mundo— pero nuestra Señora vuelve a repetir: "eso no es para ti". Quizás he interpretado mal sus palabras; probablemente me esté tratando de decir que el sacerdocio no es para mí. Pero seduciéndome de nuevo aquel ideal que simple y sencillamente no ha de morir, es decir, la consagración total y exclusiva de mi vida a Cristo, aquellos pensamientos se esfuman con gran facilidad.

DEL DESIERTO A LA NOCHE OSCURA

No fue sino hasta el decimoquinto aniversario de mi sacerdocio, que se me condujo de la sequedad del desierto y se me invitó a beber de la fuente de la Divina Misericordia. El rosario nuevamente se había convertido en la cadena que me ataba a Dios; y como lo mencioné al principio, el rosario me había llevado hasta San Luis María de Montfort y a la total consagración de mi vida como esclavo de Jesús y María; luego nuestra Señora me había pedido que le diera la parroquia y que la nombrara su Madre y Reina; desde entonces, María se ha venido manifestando: ella está aquí.

Una vez liberado del desierto y la aridez espiritual, inmediatamente me vi vacilando entre consolaciones y desolaciones interiores; por un lado, he tenido profundas experiencias de intimidad con Dios, y por el otro, la total oscuridad y su ausencia.

La oscuridad llegó a tal grado, que por las noches no podía dormir; agonizaba por la soledad que sentía y porque, además, había tenido de primera mano la experiencia del infierno. En otras ocasiones había podido afrontar la aridez en la oración, montando a horcajadas la muralla que se levanta entre el camino estrecho que lleva a la santidad, y el amplio camino que conduce a los vanos placeres del mundo. Ahora, en la profunda oscuridad, simplemente no encontraba la salida.

El mundo y todo lo que hay de bondadoso en esta vida me era causa de tristezas; lo que antes me llegaba a complacer con el pensamiento, ahora sólo me provocaba náuseas. Podría comparar la experiencia con alguien que normalmente disfruta de buenos alimentos, pero al estar su estómago agrio, sólo acordarse del platillo favorito le resulta repulsivo. Inclusive, llegué a dudar de la existencia misma de Dios, y sin Dios no podría vivir.

En 1999 después de celebrar las Misas de Navidad y de saludar a los feligreses en la parte trasera de la iglesia, otra vez me encontré totalmente solo y en plena oscuridad. Habían pasado tres meses desde mi consagración a nuestra Señora y la soledad era devastadora. Buscaba a Jesús, pero no había lugar donde podía hallarlo. Fui a la capilla de adoración de la parroquia de nuestra Señora de Lourdes, y me arrodillé ante el Santísimo Sacramento; deseaba profundamente ser levantando de la miseria en la que me encontraba. Recuerdo que me pasó por la mente que si alguien entraba en la capilla y me ponía una pistola en la cabeza, de buena gana le habría dado la vida; y no por algún noble motivo, ni tampoco en defensa de la fe, sino porque ansiaba a toda costa alejar el dolor que me penetraba. Con todo, la oscuridad siguió fiel a su causa.

Una noche del mes de febrero, no podía dormir. De nuevo sintiendo esa absoluta soledad y total ausencia de Dios, a eso de las dos o tres de la mañana me dirigí hacia la capilla; no me pude hincar, pero le supliqué a Dios que me liberara. Quería saber qué me estaba pasando, y si bien en circunstancias normales no habría hecho nada para manipular una respuesta de Dios, ese día me sentía desesperado.

Tomé la Biblia en mis manos y, llorando, le dije a Dios que en donde se abriera la página de su palabra, habría de tomar aquello que Él quisiera decirme. Mis ojos se cerraron, y al abrir la Biblia, recibí para mi reflexión el lamento del profeta Jeremías:

"Ay de mí, ¡madre mía!, ¿por qué me diste a luz? Soy hombre que trae líos y contiendas a todo el país. No les debo dinero, ni me deben; ¡pero todos me maldicen! Di, Yavé, si no te he servido bien: ¿no intercedí ante ti, por mis enemigos, en el tiempo de la desgracia y de la angustia? Tú lo sabes. Yavé, acuérdate de mí y defiéndeme y véngame de mis perseguidores. No detengas más tu ira. Piensa que por tu causa soporto tantas humillaciones. Cuando me llegaban tus palabras, yo las devoraba. Tus palabras eran para mí gozo y alegría, porque entonces hacías descansar tu nombre sobre mí, ¡oh Yahveh Sabaot! Yo no me sentaba con otros para bromear, sino que, apenas tu mano me tomaba, yo me sentaba aparte, pues me habías llenado de tu propio enojo. ¿Por qué mi dolor no tiene fin y no hay remedio para mi herida? ¿Por qué tú mi manantial, me dejas de repente sin agua? Entonces Yavé me dijo: "Si vuelves a mí, yo te haré volver a mi servicio. Separa el oro de la escoria si quieres ser mi propia boca. Tendrán que volver a ti, pero tu no volverás a ellos. Haré que tú seas como una fortaleza y una pared de bronce frente a ellos; y si te declaran la guerra, no te vencerán, pues yo estoy contigo para librarte y salvarte. Te protegeré contra los malvados y te arrancaré de las manos de los violentos..." *(Jr 15,10-21)*

Todavía deambulando en medio de la oscuridad, al menos sabía que Dios había escuchado mi lamento. Bien acompañado por el profeta Jeremías, cuyas palabras habían resonado con el estado de mi alma, Dios me había escuchado: me estaba pidiendo que confiara y entendiera que tenía que ser purificado de todo lo que es vil y soez; tenía que pasar por la purificación interior.

Me encontraba en la senda estrecha que lleva a la santidad de la vida. Dios me pedía valor para atravesar el camino que va de la aridez del desierto, a la oscuridad de la noche. Cristo estaba conmigo, me quería y me dirigiría y por amor a su pueblo habría de configurarme para sí. Jesús, conociendo de sobra los sufrimientos de esta vida, arde en deseos por saciar la sed de su pueblo, de recibir misericordia, y llevarles la luz a los que están en tinieblas, en la oscuridad. La santidad es sinónimo de misericordia, de compasión y empatía, y realmente esto constituye la mayor obra que Dios pueda hacer en la vida de un sacerdote: ser configurados con Cristo significa ser eficientes y saber responder a los lamentos de un pueblo quebrantado, herido y lastimado.

Recordando la Carta a los Hebreos, entendí que haría bien si hacía lo que dice San Pablo: "...hijo, no te pongas triste porque el señor te corrige, no te desanimes cuando te reprenda; pues el Señor corrige al que ama y castiga al que recibe como hijo. Ninguna corrección nos alegra en el momento, más bien duele; pero con el tiempo, si nos dejamos instruir, traerá frutos de paz y de santidad". (Hb 12, 5b; 6; 11).

Cuán cierto resulta lo que la Madre Teresa le escribió a un sacerdote: "Le has dicho 'sí' a Jesús y te ha tomado la palabra. Dios no puede llenar lo que está lleno. Sólo puede llenar el vacío." De esta forma, continúo mi descenso a la nada, hacia el vacío, para que ahí pueda ser llenado de la inapreciable pobreza de Jesús sacerdote.

En verdad les digo:
Si el grano de trigo no cae en tierra y muere,
queda solo; pero si muere, da mucho fruto.
El que ama su vida la destruye;
y el que desprecia su vida en este mundo,
la conserva para la vida eterna.
El que quiera servirme, que me siga,
y donde yo esté, allí estará también mi servidor.
Y al que me sirve, el Padre le dará
un puesto de honor.

Juan 12, 24-26

5

EL CARNAVAL QUE CAYÓ DEL CIELO

2 de septiembre de 2001

No se por qué con tanta facilidad llego a dudar de lo que realmente está ocurriendo en este lugar. A veces hablo con una firme convicción y total confianza de la construcción del santuario de la Divina Misericordia, pero al menor descuido, las dudas invaden la mente y el alma; por lo menos tengo el consuelo de que la Palabra de Dios afirma que los pensamientos de los mortales son tímidos y llenos de inseguridades; que el cuerpo corruptible es tribulación para el alma, y que aquellos que son terrenos agobian su mente.

El libro de la Sabiduría nos dice que lo que está a nuestro alcance, lo encontramos con dificultad; y las cosas celestiales las buscamos con mucho esfuerzo. En la tierra nuestros caminos sólo pueden enderezarse por el don del Espíritu Santo que nos viene de arriba. En ocasiones me confunde ver cómo el cielo trabaja tan eficientemente a pesar de nuestras debilidades humanas; nuestra Señora me sigue recordando que debemos confiar en ella.

Hace una semana me entró pánico al recordar que la imagen de 5 mts. de la Divina Misericordia debía regresar a la parroquia el 7 de septiembre, después de peregrinar varios meses por los alrededores de Chicago, y en virtud de que el mensaje de la Divina Misericordia es la esencia de los planes de nuestra Señora, me parecía que debíamos organizar una gran celebración para ese día. Comencé a pedir a los feligreses en donde los encontraba o en las Misas, que fueran pensando en lo que se podría hacer para recibir la imagen, porque para variar y no perder la costumbre, yo estaba muy ocupado.

Para celebrar el nacimiento de nuestra Señora el 8 de septiembre, se había programado una velada de oración; pero mi mente seguía batallando con la idea de que no se había planeado nada para recibir la imagen, y en verdad me sentía culpable de no haber actuado con anticipación.

El 28 de agosto en la noche, me llamaron de la oficina porque una persona llamada Roland Correa estaba al teléfono: pedía autorización para que se pudiera trasladar un festival y un carnaval del Parque Wicker a la parroquia de San Estanislao Kostka, porque el lugar que en un principio se les había asignado para estos eventos resultaba insuficiente, y necesitaban encontrar otro lugar a la brevedad posible; el festival estaba programado para celebrarse entre el 13 y 16 de septiembre, y en caso de aceptar, el señor Correa me aseguraba convertirse en el festival de la parroquia.

Lo que normalmente le lleva a una parroquia organizar y planear su festival, a nosotros se nos aseguraba en cuestión de días. Roland y su agencia ya se habían encargado de tramitar todo lo necesario, como los permisos de la ciudad, seguros, limpieza, seguridad, etc; tenían ya contratada a la gente de relaciones públicas para darle publicidad al evento, así como a los músicos y vendedores. Para acabar pronto, tendríamos un festival previamente elaborado que, como si cayera del cielo, vendría a dar justo en nuestra propiedad.

La imagen de la Divina Misericordia estaría justo al centro de la celebración y a unos cuantos metros, se colocaría una carpa en donde estaría el Santísimo Sacramento expuesto para adoración las veinticuatro horas del día y todos los días que durara el festival. Roland y su equipo pondrían la carpa para la capilla de adoración y también guardias de seguridad durante la noche.

Nuestra Señora, conociendo mi agenda y mis limitaciones, había preparado su propia celebración para el regreso de la imagen; a nosotros sólo nos quedaba prepararnos para ser discípulos de la Divina Misericordia, y habríamos de ser los que estamos y los que no están en la Iglesia; es decir, creyentes y no creyentes por igual, pero todos convocados en este lugar santo; y yo me pregunto: ¿acaso no es esto como una premonición de lo que ha de venir?

6

Es posible que Estados Unidos de América haya cambiado para siempre desde el martes 11 de septiembre de 2001, cuando algunos terroristas, usando a nuestra propia gente como cañones humanos, destruyeron las torres gemelas del Centro Mundial de Comercio, dejando a miles de personas muertas a consecuencia de éste y otros ataques similares.

Mientras que el país entero y la mayor parte del mundo, horrorizados e incrédulos, fijaban sus ojos en esta tragedia, el "carnaval caído del cielo" había llegado a la parroquia de San Estanislao Kostka y se hacían todos los preparativos para la inauguración que se había programado al día siguiente. En el corazón del carnaval estaría la imagen de la Divina Misericordia y la carpa para la adoración perpetua del Santísimo Sacramento. Como ya lo mencioné, no tenía ninguna duda de que el carnaval era obra de la santísima Virgen María.

Con un país conmocionado y lleno de dolor, me pareció pertinente posponer el festival de la parroquia hasta el viernes 14 de septiembre. El miércoles en la mañana, como lo habíamos planeado, se inició la adoración perpetua al Santísimo Sacramento que duraría toda una semana hasta el 18 de septiembre, fiesta de San Estanislao Kostka (según lo celebran en el calendario litúrgico polaco). Además de la adoración eucarística, se había programado la hora santa de la Divina Misericordia todos los días a las tres de la tarde, el rezo del Rosario a las seis y media de la tarde, para culminar con la celebración de la santa Misa. También había decidido que hubiera confesiones cada noche.

Al principio, yo había pensado que el festival fuera la celebración de bienvenida de la imagen de la Divina Misericordia y que el centro de las festividades fuera la continua oración; pero entonces sucedió lo del ataque a los Estados Unidos, y el centro de nuestra oración fueron las víctimas y sus seres queridos, así como un franco grito por la paz mundial.

En virtud de que el Alcalde de Chicago pedía que se cancelaran todos los eventos en la ciudad, comencé a dudar de si debíamos o no seguir adelante con lo planeado, pues no quería que malinterpretaran el festival o mi actuación, como una carencia de sensibilidad ante el dolor que vivía la nación; pero tampoco quería meter en un conflicto a la Arquidiócesis y a la parroquia ante el coro creciente de cancelaciones que se escuchaban por todas partes del país. Todos los eventos deportivos, los desfiles y otras celebraciones se estaban cancelando. El jueves me debatí todo el santo día por tomar una decisión, sabiendo que en el último de los casos, era yo quien debía decidir, como me lo habían expresado tanto el personal de la Arquidiócesis, como los oficiales de la ciudad.

Recuerdo que me pasó por la mente que quizás me había adelantado al distribuir mis reflexiones escritas diciendo que, en fe, estaba convencido que nuestra Señora había enviado el carnaval; ahora me pregunto si ella habría anticipado esta catástrofe que paralizó a la nación entera.

ORACIÓN INCESANTE

Estuve tentado a actuar de manera políticamente correcta procediendo a cancelar el festival, pero decidí que mejor debía confiar en mi propio discernimiento, esto es, debía creer que el carnaval había sido enviado desde el cielo y, por lo tanto, debía seguir con los planes anteriores. El viernes por la noche, después de tres días de estar en continua oración, el festival se inauguró y la oración continuó.

Después de la Misa nocturna, se llevó al Santísimo Sacramento en procesión hasta la carpa, en donde se tendría la adoración eucarística que se transfería de la iglesia a esta capilla provisional; la carpa, ubicada a sólo unos metros de la imagen de la Divina Misericordia, estaba en el centro de las actividades del festival. El ambiente exterior era como una celebración subyugada por las luces de colores de los juegos mecánicos; el aire estaba impregnado por el olor de los hot dogs y fritangas, mientras que la música festiva del mariachi se perdía en el cielo de la noche. Cuando la procesión salió de la iglesia a la carpa, la gente que había venido a divertirse al carnaval se paraba para observar, quizás por curiosidad o por reverencia o respeto; al llegar a la carpa se entronizó el Santísimo Sacramento para la adoración y todos los presentes se pusieron de rodillas: comenzaba la oración.

Con pasos lentos regresé a la iglesia a quitarme las vestimentas, y entonces me di cuenta con gran claridad que había actuado sabiamente al no cancelar el festival. Era evidente que los recientes ataques terroristas habían dejado una nación pesarosa en gran medida y que estaba muy reciente aún el acontecimiento; no obstante este esparcimiento había sido bien recibido, y provocaba que la gente se reuniera alrededor de los jardines de la iglesia. Por todos lados se me acercaban. Algunos padres me pedían bendecir a sus familias o que sólo tocara las cabezas de sus hijos; los adultos no tenían reparo al confesarme que tenían años de no acercarse a una iglesia; un hombre me dijo que habían pasado treinta y cinco años desde la última vez que había estado en una iglesia... Otros me dieron las gracias por el carnaval y alegremente comenzaron a recordar que antiguamente el vecindario solía juntarse para festivales de ese tipo.

Todo ese fin de semana la gente iba y venía, y nosotros distribuimos casi ochocientos rosarios y folletos de cómo rezar la coronilla de la Divina Misericordia; incluso, cuando ya no teníamos más rosarios, la gente los seguía pidiendo; entraban continuamente a la iglesia, admiraban su belleza, y acto seguido ofrecían alguna oración. La carpa de adoración al Santísimo jamás estuvo vacía: en ocasiones se podían ver sólo a unas cuantas personas de rodillas, pero en otras, una docena o más de personas estaban sumergidas en el silencio de la oración; algunos dedicaron sólo unos momentos a la adoración, pero otros pasaron horas.

A raíz de los ataques terroristas, se dijo que la nación entera había dado de rodillas en oración y que en tropel acudían a las iglesias, sinagogas y mezquitas: jefes de gobierno, clérigos y laicos en las calles; la nación entera como nunca antes en la historia, se vistió de luto con la oración.

Es posible que, como nunca, se viera a más personas rezando; con todo, yo dudaba que la gente hubiera acudido en tropel a las iglesias. En las últimas décadas se ha incrementado el número de personas que se vuelven indiferentes a la práctica de una fe religiosa y, al parecer, son muchas las razones por las que se sienten incómodas con cualquier tipo de religión institucionalizada.

De cualquier manera, para mí resultaba obvio que la santísima Virgen María había previsto el trágico evento y se había valido del carnaval para atraer a sus hijos a la iglesia: se había valido de algo superficial para conducir a sus hijos a lo sagrado. Sabedora de que un pueblo doliente pasa por muchas ansias y temores, María había despejado el camino para que hubiera una epifanía: el cielo cuenta con todos los medios necesarios para seducirnos y atraernos al recogimiento interior, al recinto sagrado donde mora Dios en cada uno de nosotros. La Iglesia es un sacramento intercesor que nos obtiene la gracia para que Jesús venga a nosotros y nosotros vayamos a Él. Actualmente, esta gracia la constituye el mensaje de la Divina Misericordia; la humanidad está viviendo un tiempo de gracia, y en las pruebas y tribulaciones, los ojos y los oídos se abren para poder entender un poco los misterios que se desvelan frente a nosotros: el cielo está suplicando: "vengan a Jesús ahora…no tengan miedo."

VIVIR EN AUTÉNTICA LIBERTAD

No era mera coincidencia que al siguiente domingo de los ataques terroristas, se leyera el Evangelio de la parábola del hijo pródigo en todo el mundo católico. ¡Qué ejemplo más hermoso el de aquel hijo que, después de haber malgastado su herencia en una vida disipada, decide regresar a la casa del padre y éste, lleno de compasión, lo recibe con un beso y ordena celebrar una fiesta! El hijo que se le había perdido, había sido encontrado; el hijo que estaba muerto, había vuelto a la vida.

Al exterior de la parroquia, los sonidos se mezclaban con el bullicio del carnaval; dentro, los fieles escuchaban esta conmovedora historia de la misericordia divina. Difícilmente se hubiera podido encontrar una lectura más apropiada para reflexionar en medio de aquella crisis que ceñía a la nación; el mismo Evangelio se encargó de dar la bienvenida a todos aquellos que, por primera vez en años, entraban a las iglesias.

Lo mismo sucedió con la primera lectura de ese mismo domingo que, tomada del Antiguo Testamento, recordaba la enérgica amonestación de Dios al pueblo, cuando le ordenó a Moisés que fuera de inmediato hacia ellos porque se habían depravado y se habían desviado del camino que se les había indicado; Moisés les echó en cara su pecado de idolatría y su negligencia y negativa a seguir los mandamientos de Dios.

La respuesta que los Estados Unidos de América debe dar a los ataques contra la nación, debe rebasar, y por mucho, un simple enarbolamiento de la bandera norteamericana, la nostálgica entonación de himnos patrióticos, o la utilización de un lenguaje con palabras amedrentadoras: nuestra nación, fundada y cimentada sobre los principios y la ideología judeocristiana como son la integridad, la disciplina y el sacrificio, está llamada a encender nuevamente la chispa de su propia identidad, practicando todas las virtudes que hacen grande y poderosa a una nación.

En el concepto judeocristiano de libertad, no hay cabida para un reino soberano de la carne que únicamente conduce a la esclavitud: San Pablo nos recuerda que: "...fornicación, impurezas, libertinaje, idolatría, hechicería, odios, discordia, celos, iras, rencillas, divisiones, disensiones, envidias, embriagueces, orgías y cosas semejantes, todas éstas son las obras de la carne" (Ga 5,19-21).

En lugar de permitir un reino soberano de la carne, tenemos el deber de someternos al Espíritu Santo cuyos frutos son el amor, la alegría, la paz, la paciencia, la bondad, la generosidad, la fe, la mansedumbre y la castidad. La carne y el espíritu son totalmente antagónicos. Estamos llamados a vivir en una auténtica libertad poniéndonos al servicio de los demás, y la verdadera libertad es la adhesión libre a los Diez Mandamientos, un reverente temor de Dios y servir para que los países tengan una estabilidad social cimentada en la paz auténtica, así como defender la dignidad de cada persona que forma el pueblo de Dios.

En medio de los ataques terroristas pudimos ver el rostro diabólico a través de la maldad infligida a nuestra sociedad; esto debería ser el toque que nos despierte a tomar conciencia del mal que se va extendiendo y va mermando cada vez más a nuestra nación; nuestros cementerios están repletos de jóvenes, víctimas de grupos violentos, del abuso de las drogas y del suicidio, formando un conjunto de redes resultado del terrorismo mismo. Muchos son los jóvenes a los que me ha tocado enterrar por el terrorismo doméstico; y tengo experiencias de primera mano del grado de maldad que ha amenazado y está acabando con nuestra sociedad; esto incumbe a los niños abortados que también son víctimas del terror. Para combatir el terrorismo internacional, primero hay que eliminar de raíz el terrorismo doméstico; es preciso erradicar de nuestras vidas el mal que erróneamente pretende encumbrarse en el reino de la carne refiriéndolo como "libertad".

Actuaríamos acertadamente regresando a la casa del Padre y, como el hijo pródigo, experimentar el abrazo de un Dios amoroso y misericordioso que nos ha dado la responsabilidad —y nos habrá de pedir cuentas— del bienestar de la sociedad. Para poder clamar verdadera victoria, es preciso que nos sometamos a Dios y asumamos sus mandamientos como normas de conducta. El Presidente, en su discurso a la nación, hizo alusión a esto mismo cuando dijo que Dios no es neutral, sino que está del lado de la justicia y la verdadera libertad; y también hizo referencia a lo anterior al exhortarnos a ser un pueblo con principios.

Entre la penumbra de una guerra declarada a los Estados Unidos, en la parroquia de San Estanislao Kostka un carnaval nos caía del cielo; de ese cielo que se vale de lo superficial como medio para llevarnos a lo sagrado. En estos días hemos comprendido con pasmosa claridad que a pesar de lo valioso de la vida, ésta es extremadamente frágil, y sólo Dios puede desentrañar el misterioso camino de nuestras vidas. La batalla que se libra actualmente no es contra tropas humanas, sino contra los principados y poderes, los gobernantes de un mundo que hoy por hoy caminan en medio de las tinieblas.

Algunos dicen que se trata de una guerra santa, y tienen toda la razón: es una guerra santa, pero no una guerra entre cristianos, musulmanes y judíos; en todas las religiones existe el potencial para dañar y hacer el mal, porque todas están formadas por hombres. Con mucha frecuencia vemos a personas actuando en contra del mismo Dios que dicen servir, y hasta es posible que no sirvan a Dios en lo absoluto. La raíz del terror es el orgullo, que es el libre reinado de la carne y que por su misma naturaleza, es lujuria contraria al espíritu. En este caso, la guerra se da a muchos niveles y en diferentes formas, y los conflictos persistirán a escala internacional, nacional, local e interior, hasta que el hombre no aprenda a someterse al Espíritu de Dios.

Lo ocurrido el 11 de septiembre de 2001 no es ciencia-ficción ni fantasía hollywoodense; fue algo real que involucró a gente real. Una cosa me queda muy clara: hoy más que nunca se necesita el santuario de la Divina Misericordia y la capilla de adoración al Santísimo Sacramento; nuestra oración debe ser constante y perseverante —debe ser profunda—. La tormenta que pudimos atisbar en el horizonte, ahora está sobre nosotros, y bien podría quedarse con nosotros por un largo, largo tiempo.

LLAMADO A SER SACERDOTE

13 de octubre de 2001

El mundo me vio nacer a horcajadas entre la oscuridad de la noche del Viernes Santo, y la luz radiante del Domingo de Pascua: un Sábado Santo, sábado de gloria. A decir verdad, no recuerdo en qué momento tomé consciencia de querer ser sacerdote, pero a veces me parece como si el deseo hubiera estado siempre ahí, en lo profundo del alma; quizás Dios, el mismo día en que vi la luz del día, plantó la semilla de mi vocación sacerdotal.

De igual modo, nací con un pie en el hemisferio norte y otro en el hemisferio sur, en Cristóbal, Panamá. Mi padre era un oficial de la Fuerza Aérea de Estados Unidos, y por ello mi tránsito por la vida comenzó en Panamá.

Y ahora, como sacerdote, me encuentro a horcajadas entre el cielo y la tierra, parado en suelo sagrado, donde el cielo besa la tierra, es decir, en el altar del sacrificio de la santa Misa, que al igual que cualquier otro sacerdote, se encuentra ahí por un lado en la persona de Cristo, y por el otro como representante del pueblo. De la forma más misteriosa Dios se encuentra presente y desposado con la Iglesia; el desposorio ha sido consumado, ha sido sellado: el cuerpo está unido a la cabeza; el corazón y el alma están llenos del Espíritu, y la mente está impregnada por el deseo de hacer la voluntad de Dios.

La semilla de mi vocación

Me crié en el seno de una familia buena pero no muy religiosa. Soy el segundo de ocho hijos, y confieso que rara es la vez que vamos a Misa como familia; quizás por esa razón tenga yo muy presente el recuerdo de la primera vez que asistí a la Misa: tendría unos cuatro años y estábamos adscritos a la Base 'Ent' de la Fuerza Aérea en Colorado Springs, en el Estado de Colorado, y aún al escribir estas líneas tengo muy fresco el recuerdo como si hubiera sido ayer. La iglesia era muy oscura y estaba repleta de gente, pero yo nada más veía a la sagrada hostia en elevación y totalmente iluminada y todavía puedo percibir el silencio que rodeaba la iglesia. La única oración que se me quedó grabada en la mente es la primer estrofa de la "Salve" que probablemente rezaron al terminar la Misa: "Dios te salve, Reina y Madre de misericordia". Al día de hoy, este es el primer y único recuerdo que conservo de la santa Misa hasta que cumplí unos ocho o nueve años, cuando la familia se mudó a la Base 'Tyndall' de la Fuerza Aérea en la península de Florida. Poco tiempo después comencé a frecuentar la Misa con los amigos que vivían en el barrio. Luego, a los diez años, me hice monaguillo, y la primera Misa a la que asistí fue la del Día de Acción de Gracias en 1965; tengo la fecha exacta sólo porque conservo una fotografía del evento.

De los diez a los trece años comenzó en mi interior un deseo ardiente de ser sacerdote. Después del regreso de mi padre de la guerra en Vietnam, nos trasladaron a la Base 'Dover', en el Estado de Delaware, en donde la familia tomó sus primeras vacaciones para ir a visitar a la abuela en Chicago, y fue en ese lugar donde sentí intensamente el deseo de ser sacerdote: asistía a Misa con mis primos en la parroquia de San Jacinto, y como sólo había conocido las capillas provisionales de las bases militares, San Jacinto fue con toda seguridad la iglesia católica más hermosa que había visto nunca; no tengo palabras para describir lo que sentí en ese momento: para mí, esa no era en lo absoluto una iglesia, sino una catedral y mucho más: era el cielo mismo. Recuerdo que me hinqué, y cuando hacía mi oración, me veía vestido de sacerdote en esa iglesia. Entonces le rogué a Jesús que fuera tan bueno de concederme lo que yo le estaba pidiendo.

Nos quedamos otro año en Delaware hasta que nuevamente regresamos a Florida. Ya en la escuela secundaria perdí el ardiente deseo de ser sacerdote, y además no había nadie que me impulsara en los caminos de la fe porque como ya lo dije, mi familia no era practicante y en realidad, se mantenía hasta indiferente a las observancias de la fe católica; dicho de otro modo, la religión y la fe no tenían cabida alguna en la vida de mi familia. A pesar de ello, mis padres eran buenos y participaban activamente en la vida de sus hijos manteniéndolos activos a todos ya fuera en los deportes o en alguna otra actividad similar.

Viviendo en Florida, que extraoficialmente estaba gobernada por los cristianos fundamentalistas, dejé de lado las tendencias de adherirme a ninguna religión. La Iglesia Católica sufría la agonía reformista del Concilio Vaticano II, y todas las cosas bellas con las que yo relacionaba a la Iglesia, ésta las descartaba por carecer de significado o sentido para la práctica de la fe religiosa en el mundo moderno; y al mismo tiempo que esculturas, rosarios y lámparas de vigilia iban a dar al basurero, sacerdotes y religiosas(os) vivían su éxodo; emigraban desvistiéndose de los símbolos y signos de su consagración y eran dispensados de sus votos religiosos.

Habiendo visto a la Iglesia con los ojos de un niño, ahora como adolescente, no podía entender lo que aparentemente era un espíritu de desacralización corriendo rampante... Me sentí decepcionado; sentí que había sido seducido por la ficción del catolicismo y que necesitaba seguir adelante. Dejé de practicar la fe.

Me uní a la Policía Aérea Civil con el deseo de estudiar aviación, en tanto que la semilla de mi vocación sacerdotal se ocultaba, quedando bien sepultada en lo más profundo de mi ser. Y así, durante la adolescencia me mantuve ocupado con la escuela, el trabajo, y algunas otras actividades; en el transcurso de cinco años nunca fui a Misa y, para todo efecto práctico, no estaba de ningún modo afiliado con la Iglesia católica; sólo en ocasiones, con los amigos de otras creencias, me presentaba en algún servicio religioso. Pero nada me había quedado tan grabado en la mente y en el corazón como aquella celebración eucarística de cuando era niño.

Ven a mi corazón

Después de mi graduación de la secundaria y buscándole algún sentido a mi vida, empecé a descender, como en espiral, hacia un abismo oscuro. Me incliné por el agnosticismo —un movimiento que predica que a Dios no se le puede conocer y que, en caso de existir, está lejano y ajeno a las vidas de su pueblo—.

Cuando inicié el primer semestre en una universidad local, me puse seriamente a investigar, por primera vez en mi vida, sobre la religión católica. Nunca había asistido a ninguna escuela católica, y sólo había recibido la preparación mínima del catecismo como preparación para recibir los sacramentos. Cuando comencé a estudiar por mi cuenta la fe católica, asistí a Misa después de no haberlo hecho en casi cinco años; tenía la mente y el corazón puestos en una joven de mi edad, pero pese a todos los intentos que hacía por acercarme a ella, la fijación que tenía por el Cristo de la fe católica me distraía.

Me vi asistiendo a Misa casi cada domingo; leía intensamente todo lo que encontraba sobre la fe de la Iglesia; luego me cansaba de lo que parecía una obsesión y entonces hacía la retirada. En términos generales me aburría la Misa, pero aquella atracción no cedía; hasta llegaba a resistir conscientemente la urgencia que sentía de ir a Misa.

Al cabo de dos años de arduas investigaciones, me seguía atormentando mi incapacidad por aceptar la doctrina católica de la transubstanciación; esto es, que Jesús está totalmente presente en el pan y el vino; la Iglesia enseña que el pan y el vino verdaderamente se convierten en el cuerpo y la sangre de Jesús, aunque la apariencia de pan y vino permanecen después de la consagración; hubo un momento en que sentí que tendría que renunciar a la fe de la Iglesia porque me parecía imposible adherirme a esta enseñanza: era algo totalmente absurdo.

Un día en que fui a la escuela y de ahí al trabajo, me sentía completamente solo, abandonado y mentalmente cansado de la lucha interior que había estado librando tratando de entender y aceptar la fe de la Iglesia católica. Parecía que

Dios se escondía en su cielo allende el más allá. Los sacerdotes y religiosos, en tropel, seguían dejando sus vocaciones; al parecer, lo superficial y secular tenía cautivada a la Iglesia; la sola idea de religión parecía una farsa.

Saliendo de mi trabajo como a las seis de la tarde, comencé a manejar sin rumbo fijo no sabiendo exactamente a dónde ir; deseaba que mi vida se terminara ahí en ese preciso instante. Sentía que el vacío interior y el dolor eran mucho más profundos que nunca antes y me llegó la horrenda idea de manejar hasta el puente y tirarme al Golfo de México; la vida simplemente no tenía ningún sentido.

Al pasar por la parroquia de San Juan Evangelista, noté que la gente estaba entrando como para asistir a Misa: era jueves. Estacioné mi automóvil y entré y como de costumbre, me senté en la última fila cerca de la puerta. Recordé que era Jueves Santo, primer día del triduo pascual.

Lo que sucedió después cambiaría mi vida para siempre: cuando comenzó la Misa, y aunque la iglesia estaba repleta, sentí como si estuviera solo, que únicamente estábamos ahí el sacerdote y yo; por primera vez escuchaba todas y cada una de las oraciones; las lecturas de la Sagrada Escritura me hablaban a mí y, aunque no podía entender plenamente su significado, estaban dirigidas a mí y solamente a mí.

Durante la oración eucarística en la que el pan y el vino son consagrados, supe con la certeza de la fe, que Jesús estaba en el altar. Estaba yo pasmado; el sacerdote ya no estaba ahí; quiero decir que parecía como si hubiera desaparecido y el único que ocupaba su lugar era Jesús.

Al terminar la celebración, el sacerdote llevó al Santísimo Sacramento en procesión al tabernáculo donde quedaría resguardado para la adoración nocturna. Esta tradición recuerda la hora en que Jesús pidió a sus apóstoles, Pedro, Santiago y Juan, que lo acompañaran al huerto de Getsemaní; fue la hora en que los sufrimientos del Maestro llegaron a un grado tal, que le provocaron sudar sangre poco antes de que lo traicionaran y arrestaran. Los apóstoles se habían dormido y Jesús sufrió solo, consolado únicamente por los ángeles.

Cuando la procesión se iba acercando hasta la fila donde yo estaba, la mirada de Jesús penetró mi alma, y cuando pasó frente a mí, me sentí inundado con su presencia; realmente no hay palabras para describir el calor, la paz y el amor que inundaron lo más profundo de mi ser.

La Eucaristía fue resguardada, y entonces me acerqué; me arrodillé ante el tabernáculo y seguramente pasó como una hora. No podía decir nada, pero la paz que me rodeaba en la presencia del Señor es indescriptible. Después de algún tiempo, Jesús me habló en el silencio de mi corazón. Llamándome por mi nombre y en una voz muy clara, distintiva y amable, me dijo: "Tony...Tony, en torno a esto gira todo. Éste es el corazón de la Iglesia. Ven a mi corazón". En ese instante me inundó un profundo deseo de ser sacerdote; todas las bellas inclinaciones que de niño había tenido resurgían en ese mismo momento. No podía contener la alegría que brotaba de mi interior.

Por la tarde del día siguiente cuando asistí a la liturgia del Viernes Santo, esperaba tener un encuentro semejante, pero la iglesia se percibía fría y vacía; el aire era pesado, ensordecedor. Jesús ya no estaba ahí. No estaba en ningún lugar. Pensé que mi experiencia del día anterior había sido sólo una ilusión —un producto de mi imaginación—. Me uní a la procesión para venerar la cruz y simplemente no sabía qué pensar del vacío que se arremolinaba en mi interior. Al acercarme a la cruz, vi con los ojos del alma cómo sufría la santísima Virgen María. No dijo nada; simplemente me miró. Sus ojos me penetraron y lentamente volvió su mirada a la cruz; fue entonces cuando comprendí. No había necesidad de decir nada más. Interiormente, comencé a llorar.

El domingo de Pascua me senté en mi lugar de costumbre junto con los demás feligreses para la celebración de la Misa; no me sentía en modo alguno diferente a ellos, sólo que sabía que algún día yo sería sacerdote.

Una o dos semanas después, busqué al Padre Frank Phillips quien a la sazón servía de diácono en la parroquia y se preparaba para su ordenación sacerdotal. Le transmití mi experiencia y me invitó a visitar el seminario de los padres y hermanos de la Resurrección, en San Luis Missouri, para la fiesta de la santa Cruz. Cuando llegó el mes de septiembre, eso fue lo que hice.

Para ser honestos, desde el momento en que llegué a ese lugar no sentí ninguna atracción ni al seminario, ni a la comunidad, ni al sacerdocio; al contrario, sentí repulsión. Los meses que siguieron a mi experiencia del Jueves Santo habían dejado mis emociones en conflicto: mi alma estaba alborotada; despierto o dormido era lo mismo, me sentía atormentado. En un momento dado, todo lo que quería era ser sacerdote; un instante después, mi corazón se sentía cautivado por la mujer y por las cosas pasajeras de este mundo. Dentro de mí se desató una guerra que me confundía y me hacía sufrir mucho.

Al tercer día de mi visita, me resigné ante la idea de que realmente Jesús no me llamaba al sacerdocio y me sentí aliviado. Regresaría a Florida y continuaría con mi vida normal. De una vez por todas enterraría la idea de una vocación sacerdotal. Sí, eso es lo que haría; pero entonces pasó algo:

me encontraba solo, sentado en unas bancas, hojeando unas revistas y material vocacional de la Orden de la Resurrección y las misiones apostólicas que tenían, cuando de pronto, se me heló literalmente la sangre al ver la parroquia de San Jacinto; fue como si la iglesia brincara de la revista a mi memoria. De inmediato me sentí transportado hasta Chicago, hasta ese momento cuando a los doce años me había arrodillado en esa misma iglesia; y ahí estaba otra vez, poderosamente imbuido en el más intenso deseo de ser sacerdote y pidiéndole a Jesús que fuera lo suficientemente bueno y me hiciera sacerdote en esa iglesia.

Nueve años después, en la iglesia parroquial de San Jacinto, me ordenaba como sacerdote; en ese mismo lugar pude gozar de mis primeros seis años de sacerdocio.